édito

Vive les jeunes crabes et les châteaux de sable !

Vous vous souvenez des *Demoiselles de Rochefort*, la ville de Pierre Loti ? Du temps du Technicolor ? Des couleurs pétard et des touches pastel ? Des chapeaux jaunes et roses ? Des cabriolets MG, Sunbeam Alpine, Mercedes 230 SL ? Des voiliers bleus dans le bassin sur la place centrale ? D'une ville grise, Jacques Demy avait fait un tableau de Hopper ou de Hockney. Vous vous souvenez du matelot, peintre-poète Maxence, blond comme un soleil au matin ? Vous vous souvenez de ce dialogue ? « – Alors il l'a trouvé ? – Toujours pas ! – Qu'est-ce qu'il a perdu ? – Son idéal féminin. – Il ne l'a pas perdu. Il ne l'a jamais trouvé. C'est pas la même chose. » Et de cette chanson : « Je l'ai cherchée partout. J'ai fait le tour du monde. De Venise à Java. De Manille à Angkor... Et je la cherche encore. » Pour Jacques Perrin, sur le bord !

Jacques Perrin, de blanc vêtu, avait le sourire de l'innocence. Matelot dans *Les Demoiselles de Rochefort*, il devint le lieutenant de vaisseau Willsdorff dans *Le Crabe-Tambour* puis cinéaste océanique comme Victor Hugo était un écrivain océanique. Combien de fois avons-nous revu *Le Crabe-Tambour* de Pierre Schoendorffer ? Ce film a compté pour nous autant que les romans de Conrad. Perrin et Schoen faisaient partie de la famille. L'un était Peintre de Marine. L'autre Écrivain de Marine. La mer est une mémoire et les marins rendent hommage à leurs morts. La fidélité signe les œuvres de Schoendorffer et de Perrin. Mais les deux hommes n'étaient pas des rêveurs d'opium, des nostalgiques des empires perdus, mais des enfants curieux qui avaient peur de la nuit, des serviteurs de la Grande Bleue : passion, enchantement, exigence, humour et détachement sculptaient leurs galons d'or. La mer était leur miroir. La mer était leur devoir. La mer était leur gloire.

L'océan n'est pas une nature morte mais notre jeunesse. La France, cet hexagone de vieux aux passions tristes alors qu'elle savait si bien danser et chercher, doit devenir un pays d'outre-mer et non d'outre-tombe si elle veut renaître. Les temps sont agités, tempétueux, obscurs. Nous appelons à la Renaissance bleue. À une vie pacifique, atlantique, méditerranéenne. Solaire et mouvementée. Bienvenue à bord de ce nouveau *Latitude Mer*. C'est une nef des fous. Fous de mer, fous d'histoires, fous de poésie, fous de dérives, fous de nature, fous de science. « L'avenir de l'homme est la femme », écrivait Aragon avec raison. Nous ajoutons : « L'océan est l'avenir de l'homme. »

Jeunes gens relevez vos yeux des écrans, des boucles Whatsapp, du leurre Twitter, de TikTok complètement toc-toc ! Tournez-les vers l'horizon, les vagues, les algues, la profondeur des océans. Choisissez l'aventure ! « Le jour où il faudra partir, on rentrera à la voile. Quatre mois de mer. Après ça ira mieux... » C'est une parole du *Crabe-Tambour*. Vive les jeunes crabes ! Et les châteaux de sable !

Olivier Frébourg,
Écrivain de Marine

sommaire

4 Venise *allegro cantabile*
Daniel Allisy

14 L'Enfer et le paradis de *la Bounty*
Benoît Heimermann

22 Les premières vagues
Mathieu Accoh

30 Le sel de la terre
Alexandre Kauffmann

36 L'Australien de Quiberon
Florence Lozach

44 La Route vers l'inconnu est toujours bienvenue
Patrice Franceschi

52 L'Odyssée d'Odessa : le port des illusions
Adrien Jaulmes

58 Odessa, les jours bleus
Serge Poliakov

66 Un bateau gris en mer noire
Paul Merveilleux du Vignaux

22

112

142

72 De l'*Odyssée* à l'*Illiade*… Divagations méditerrannéennes
Daniel Allisy

78 Xaridismos Kakoulakis, pêcheur d'éponges
José-Manuel Lamarque

86 Méditerranée : la mer des batailles
Yann Briand

92 Anita, Pierrot et le *Bois-Rosé*
Gwenaëlle Abolivier

102 Yoga à Goa
Jeanne Pham Tran

108 Fantaisie sablière
Flore de Preneuf

114 D'où viennent les larmes
Clarisse Gorokhoff

120 L'auberge de la Manche
François Simon

126 Les algues, nouvelles fées électricité
Vincent Doumeizel

132 Françoise Hardy Nuit d'été

140 Sur la route de Lanzarote
Philippe Ridet

148 Marins de l'eau douce
Trân Thai Khuong

154 L'océan, vigie du monde
Stéphane Dugast

160 Mumbai : parfums de mer et d'éphémère
Cléa Chakraverty

166 Au fond de l'océan, tout le monde descend Station marine de Concarneau
Lize Veyrard

174 Dumas à la grand-voile
Claude Schopp

182 Chevaliers bleus
Stéphane Dugast

186 Les bonnes nouvelles de la mer
Axelle Beaussant

IL MIRACOLO DI CANA

Reportage

VENISE ALLEGRO CANTABILE

Texte de **Daniel Allisy**

La voile est la façon la plus originale de pousser la porte en douceur et par effraction de la Sérénissime.

Venezia, allegro cantabile

À côté du Rialto et de San Marco, il existe une Venise inconnue, une Venise déserte. Il suffit simplement d'y naviguer à la voile...

Oubliez Venise, la cité la plus courue du monde. Oubliez le décor de cette sublime endormie qui, par miracle, ne s'est jamais réveillée dans les décombres des temps modernes. Oubliez les cartes postales du pont des Soupirs, qui n'entend plus que les râles d'une armée de touristes munis de leur iPhone ; oubliez le bourdon du campanile, juste bon à égrener l'ouverture des musées et la fermeture des estaminets ; oubliez !

Tout le monde connaît Venise, même ceux qui n'y ont jamais posé le pied. Et pourtant, personne ne connaît Venise, si elle n'est abordée par la mer. Venise, cet accident de l'histoire, née de la lagune qui l'a mise à l'abri des invasions barbares. Venise, qui a commencé à Torcello, puis à Malamocco, avant que la malaria et la peur de l'envahisseur adriatique ne chassent les marchands pour les amener à construire leurs temples sur le Rialto. Mais c'est grâce à leurs galères qu'ils ont vogué vers le large, la tête haute et la bourse pleine ; au point d'user un peu de l'or arraché à l'Orient pour peinturlurer les façades de leurs maisons de commerce – nouveaux riches astiquant leur ego éclatant. Aujourd'hui, tout cela est patiné, présentable malgré les logos des néo-nouveaux riches qui viennent y acquérir un brevet de culture. Mais, comme la ville a dû être indécente alors ! Oubliez ; vous entrez dans la lagune où tout a commencé...

Rapido ma non troppo

Comme toute grande maison qui se respecte, Venise possède plusieurs portes d'entrée : une porte d'honneur réservée aux hôtes de marque, une dévolue au commerce et une autre de service, à l'usage du petit personnel. Les navigateurs arrivant de Croatie choisiront la Grande Porte, celle du Lido, qui mène au pied de Saint-Marc quasiment sans crier gare, pour peu que le courant de flots les y pousse – solution de facilité pour navigateurs pressés. La porte de Malamocco au centre, elle, est réservée aux fournisseurs ; traduisez, aux cargos et pétroliers qui remontent directement à la zone industrielle de Mestre, par un chenal rectiligne creusé par les Autrichiens et dont chaque balise – ici, on les appelle des « bricoles » – est surmontée d'un lampadaire : on se croirait sur les Champs-Élysées noyés sous les flots. À éviter sous peine de grosses mauvaises rencontres.

À l'inverse, la porte de Chioggia vous permet d'accéder à la lagune en catimini, presque comme par effraction. De grâce, arrivez à Venise par Chioggia ! Avant le gros choc de *Doge City*, vous avez besoin d'un temps d'adaptation. Chioggia est une Venise en miniature, mais une Venise vivante, avec de vraies gens qui font de vrais métiers ; pas portier d'hôtel, chauffeur de taxi ou serveur de pizza. Une vraie ville avec des églises face à la lagune et des palais sur le canal, pour imiter la grande sœur. Et des bateaux de pêche, beaucoup de bateaux de pêche parce que tout le monde ne peut pas vivre comme une catin.

On dit les habitants de Chioggia un peu loubards : il n'est pas rare de voir une vedette de la Guardia di Finanza escorter une embarcation surprise en train de pêcher les *vongole* dans des zones interdites. Mais, à voir leurs cabanes branlantes montées sur pilotis juste en marge du chenal, on est convaincu au moins de ne pas être cerné par les tour-operateurs aseptisés, brandissant leurs parapluies afin que leurs ouailles ne s'égarent point dans les dédales de San Marco.

Andante a tempo giusto

Quand on se résout enfin à gagner Venise par l'un des trois chenaux menant de Chioggia à la Sérénissime, on s'apprête à basculer dans un autre monde. Une petite quinzaine de milles en « lagune ouverte » et on y sera, dit la carte. Très peu d'îles, juste quelques forts. Au loin, tout là-bas, on distingue un phare ; pardon, un campanile plus massif que les autres – ça doit être ça, Venise. Et, tout autour de nous, un immense miroir troublé par une infinité de bricoles qui sont là pour vous ouvrir la route.

Combien de fois ai-je éprouvé l'envie de le traverser, ce miroir ! Je commence par emprunter les chemins de traverse. Moins bien marqués, les chemins ; le plus souvent, une seule rangée de piquets. Mais, dans sa très grande bonté, la Sérénissime a pensé aux navigateurs distraits : dans toute la lagune, les bricoles portent un carré blanc, du côté où il faut s'engager. Quelquefois, les piquets s'arrêtent net : avec une bonne carte, un peu de chance et pas plus d'1,50 mètre de tirant d'eau, ça passe encore… quelquefois !

Et puis il y a les sentiers, qui serpentent entre les *barene* ; ces prés salés qu'on s'attache maintenant à préserver en les ceinturant de palplanches en bois pour éviter qu'ils rejoignent l'Adriatique, rongés par les grands courants des chenaux. Mais je ne m'égare jamais longtemps : au premier couinement du sondeur, je me ravise immédiatement. Venise n'est plus qu'à une portée de gaffe : dans une petite heure, je me retrouverai dans la folie de la place Saint-Marc…

Allegro cantabile

S'il y a bien un plaisir dont il ne faut pas se priver, c'est de tirer des bords dans le chenal de la Giudeccia et de parader au pied du palais des Doges. A priori, tout est autorisé – à condition de garder le moteur en route et de ne pas emprunter le début du Grand Canal. Mieux vaut débuter l'exercice un dimanche matin, au lever du jour. Vous n'aurez pas trop de temps pour vous acclimater à l'immense pagaille qui suivra bientôt. Ralentir un peu, quand le bord vous amène à longer le quai où le vaporetto

Ne pas hésiter à garder le génois masqué au virement de bord, ne pas photographier les gondoliers de trop près, prendre un air détaché devant la vedette des garde-côtes, éviter de raser l'arrière des immeubles flottants quand un remorqueur les retient par l'arrière, garder son calme, garder son calme, garder son calme.

Belle double :
Île et basilique San Giorgio Maggiore.

En ouverture :
À 6 heures du matin, le bassin de Saint-Marc quasi désert. *Argos* – mon voilier – élonge la *piazetta* et s'apprête à passer devant le palais des Doges.

Ci-dessus :
La lagune vers l'est, vue du campanile de la cathédrale Santa Maria Assunta, sur l'île de Torcellio. Le chenal est marqué par des bricoles – poteaux en bois. Au deuxième plan, des *barrene* : prés salés recouverts d'eau par très grande marée.

est en train d'embarquer ses passagers. Abattre en grand pour dégager rapidement lorsque l'on aperçoit les sinistres silhouettes des palaces flottants, qui ont payé très cher le droit de venir brasser les fonds devant la place Saint-Marc avant de gagner leurs appontements au quai des ferries. Ne pas hésiter à garder le génois masqué au virement de bord, ne pas photographier les gondoliers de trop près, prendre un air détaché devant la vedette des garde-côtes, éviter de raser l'arrière des immeubles flottants quand un remorqueur les retient par l'arrière, garder son calme, garder son calme, garder son calme. Très vite, vous allez vous laisser prendre au jeu. Les Italiens, qui pilotent leurs bateaux comme leurs voitures, semblent presque tous prendre un malin plaisir à serpenter au milieu de la foule en délire. Alors, chacun s'évite en conduisant le coude à la portière comme s'il s'agissait d'une paisible promenade dominicale à la Foire du Trône, dans des bateaux tamponneurs qui ne se tamponneraient jamais. De nombreuses fois, j'ai joué avec le feu : personne ne m'a signifié un quelconque agacement...

Molto troppo agitato

Quand on visite Venise par la terre, on est ébloui par ce ballet de bateaux qui vont, viennent, jamais ne se touchent. De loin ça fait joli, les beaux vernis des taxis vénitiens. Diablement exotiques aussi – et pratiques –, ces vaporettos avec leurs impériales qui permettent de découvrir la ville à ciel ouvert. Tellement couleur locale, ces ambulances, ces corbillards, ces éboueurs, ces cargaisons de primeurs ou de gravats : cela fait tellement bien dans le décor – et sur les photos, quand ils viennent débarquer leurs marchandises au marché de Rialto.

Et pourtant, tous ces engins sont en train de saper les fondamentaux du rêve vénitien. Faut-il le dire ? Il n'y a pas de voitures à Venise. Mais les bateaux à moteur qui les remplacent détruisent plus sûrement Venise que les automobiles n'abîment les villes ; l'agression est d'autant plus sournoise qu'elle n'attaque plus les façades, mais les fondations même de l'édifice ; en l'occurrence, les poteaux de bois d'Illyrie sur lesquels a été bâtie la ville. Il faut traverser les canaux à 5 heures du matin ou le jour de la régate historique, quand nul bateau à hélice ne vient troubler la grande régate des rameurs, pour comprendre que si Venise a pu parvenir intacte jusqu'à nous, telle une belle au bois dormant qui se serait arrêtée de vivre à la fin du XVIIIe siècle, elle le doit avant tout au sillage des bateaux à rames et à voile qui n'ont jamais engendré cet incroyable entrelacs de vagues, rappelant un jour de départ de course autour du monde dans le Solent. Ce clapot-là, je le sens physiquement, je le sens comme une blessure sans cesse ravivée qui ne se terminera qu'à la nuit tombée, quand le bassin de Saint-Marc retrouvera les joies d'une nuit sans sillage. Après avoir passé plus de quinze jours dans ce chaudron infernal, je ne trouve plus ça beau du tout, la bigarrure – une vraie blessure – de tous ces bateaux : j'y vois seulement le spectre d'une ville qui ne se suicide pas à petit feu, mais à grandes eaux. Que c'est triste, Venise, parfois…

Larghetto con anima

Une fois sacrifié au rite de la sacro-sainte carte postale vénitienne, on peut alors sereinement gagner le fond de la lagune. Murano et sa verroterie, Burano et sa dentellerie, Torcello et sa féerie. Un ami m'avait dit : « Tu verras, c'est tout simple ; il suffit de jeter l'ancre entre les bricoles, juste à la limite du chenal et tout se passera bien. » Mais c'est sans compter les vagues incessantes des bateaux qui déboulent, au mépris des limitations de vitesse. D'autant que, de trois mètres, la profondeur du chenal a vite fait de remonter à un mètre, au ras des bricoles : imaginez-vous essayant de piquer un somme sur la bande d'arrêt d'urgence de l'autoroute, alors que vous n'êtes pas sûr du frein à main !

Avant de nous familiariser avec le plan de stationnement local, j'ai donc préféré remonter directement à Torcello, où je savais trouver un méandre du chenal permettant de mouiller un peu à l'écart des trajectoires des bolides, qui jouent la *furia di vivere* sur l'eau.

Ci-dessous :
Village de Pellestrina sur le cordon séparant la lagune de la mer Adriatique, près de Chioggia.

Plus on navigue sur la lagune, plus on a envie de se perdre dans ses méandres : la Lagune de la Rose, à l'est de Torcello, quand la bora a soufflé le voile de brume habituel et découvert la toile de fond des Dolomites ; San Francisco del Deserto avec son armée de cyprès qui donne l'impression, en contre-jour, de naviguer dans un dessin d'Hugo Pratt.

Largo grazioso

Difficile d'y croire aujourd'hui : au XIIe siècle, Torcello a été plus important que Venise ! L'île ne comptait alors pas moins de 16 monastères et 12 paroisses ; soit près de 50 000 habitants. Aujourd'hui, s'il en reste 20 000, c'est bien le bout du monde. Mais voilà, le Sile et le Dese ont trop bien rempli leur office en comblant peu à peu le grand port qui commerçait avec toute l'Adriatique. Puis, avec les eaux stagnantes, la malaria est venue et toute la ville a immigré vers Malamoco, puis Rialto, emportant jusqu'à la moindre pierre. Aujourd'hui il ne reste debout que la cathédrale Santa Maria Assunta et une vingtaine de maisons – dont la célèbre Locanda Cipriani, qui a accueilli bon nombre de têtes plus ou moins couronnées ; le tout servi de quelques mots charmants, comme cette lettre de Valéry Giscard d'Estaing où il dit – en août 1980 – tout le plaisir de son passage et suggère d'envoyer un jeune chef de l'Élysée faire un stage au Harry's Bar pour apprendre les secrets de la cuisine italienne !

Mais celui qui a fait la plus éclatante réclame de la Locanda Cipriani, c'est Ernest Hemingway. Il venait y taquiner la bouteille avant de partir assassiner quelques canards dans les marais – témoin, cette affligeante photo de l'aubergiste, accompagné de l'écrivain en sombrero, dans une sieste fort avancée : un nombre respectable de bouteilles vides jonche la table...

Torcello, c'est le grand silence. Au loin, les lumières de la côte et des industries de Mestre. Mais ce n'est pas trop gênant ; cela souligne juste le trait de côte, là-bas très loin, « au-delà du fleuve et sous les arbres » – à l'image du titre du roman d'Ernest Hemingway, consacré à la lagune de Venise. Il y a des grillons, des aigrettes, toute la faune des marais. De temps en temps, on entend une conversation sur l'eau – les sons portent loin sur le miroir du marais. En toile de fond, les avions déversent sans relâche leurs flots de touristes à Marco Polo, l'aéroport de Venise. Personne n'est parfait.

Deserto cantabile

Si vous voulez vraiment goûter à tous les plaisirs de la lagune, il vous faut partir à la recherche de tous les coins isolés où vous pourrez mouiller en paix. À Burano, entre Mazzorbo et Santa Caterina, il existe un chenal où vous dénicherez une place à quai, à condition d'avoir prévu une planche entre vos pare-battages et les aspérités du quai. Une nuit d'orage, j'ai ainsi trouvé une place devant la Trattoria Ai Cacciatori. Il m'a juste fallu déguerpir en milieu de matinée pour laisser la place à la barge qui venait livrer les primeurs du jour. Alors, le mieux est de trouver un vrai cul-de-sac. À Murano – annexe touristique de Venise –, tout de suite à droite en venant de Burano, un grand début de canal débouche sur une usine plus ou moins désaffectée – un mouillage où l'on peut enfin dormir sur une oreille.

Plus on navigue sur la lagune, plus on a envie de se perdre dans ses méandres : la Lagune de la Rose, à l'est de Torcello, quand la bora

a soufflé le voile de brume habituel et découvert la toile de fond des Dolomites ; San Francisco del Deserto avec son armée de cyprès qui donne l'impression, en contre-jour, de naviguer dans un dessin d'Hugo Pratt – il y existe même un petit port où l'on peut s'amarrer, si on y arrive après le départ des bateaux de touristes ; San Lazzaro degli Armeni avec sa fabuleuse bibliothèque d'incunables que l'on peut visiter, à condition d'avoir pris rendez-vous… et d'y aller un jour sans vent ; Lazzaretto Vecchio avec ses inscriptions datant de l'époque où les marins venus d'Orient y subissaient la quarantaine. Des ruines et des palaces. Des forteresses et des couvents. Des paludes et des jardins potagers.

Et puis aussi, des folies aussi improbables que la Casa di Valle Zappa construite en 1925 par un Vénitien allumé d'architecture hollandaise. Longtemps, il a été difficile d'y parvenir avec un voilier. Mais les travaux de reconstruction des *barene* – peu à peu détruits par les violents courants qui creusent le chenal de Malamocco – ont un peu arrangé les choses. En suivant les bricoles, puis en y allant à tâtons pour le dernier demi-mille, j'ai pu mouiller au pied de cette incroyable folie née de la raison d'un homme, qui y avait même accolé un curieux mirador pour mieux observer les oiseaux de la lagune. Nous étions partout…, sauf à Venise.

Au petit matin, lorsque j'ai quitté cet endroit incroyable, je l'ai aperçu longtemps, flottant entre mer et ciel, phare improbable, à la démesure de la lagune.

Et puis je suis revenu à mes bricoles habituelles. Mais, rappelez-vous bien : toujours le petit carré blanc du côté du chenal ! Sinon, Venise risque de rester un mauvais souvenir. – **DA**

Ci-contre :
Au sud-ouest de la lagune, entre Chioggia et Venise : il Casone di Valle Zappa, construite en 1925 par un Vénitien passionné d'architecture hollandaise.

L'ENFER ET LE PARADIS DE *LA BOUNTY*

Benoît Heimermann

À bord du *Senso*, au cours d'une navigation pacifique en Polynésie, Benoît Heimermann a relu *Les Révoltés de la Bounty* de Hall et Nordhoff. Peut-on revenir indemne après un tel voyage et une lecture aussi édifiante ?

On ne saurait envisager une croisière au long cours sans un équipement parfaitement réfléchi et un avitaillement strictement calculé. Mais si la performance n'est pas à l'ordre du jour – ni pour le bateau, ni pour son équipage –, l'exercice tolère volontiers quelques abandons. Le loisir, par exemple, d'emporter dans ses bagages plus de livres que de raison. Tout le monde a en mémoire les 12 000 volumes sélectionnés par le capitaine Nemo dans le salon de son *Nautilus* – échantillonnage rêvé pour un honnête homme de cet acabit ; les 500 classiques entassés par Robert Falcon Scott dans la cambuse du *Terra Nova* dans le but de détendre son équipage en partance pour le pôle Sud ; les 50 titres retenus par Francis Chichester, en plus de son blazer d'apparat, à la veille de sa circumnavigation solitaire à la barre de son *Gipsy Moth IV*. Bénies soient les circonstances où l'appel du large et l'appel du livre ne font qu'un.

Notre voilier s'appelait *Senso*[1] : un parrainage qui, lui-même, invitait à surenchérir dans le domaine littéraire. D'autant que la balade envisagée devait se dérouler là-bas, aux confins des paradis polynésiens, charitables par nature avec les écrivains pressés d'en découvrir les mystères ; terres d'inspiration par excellence, laboratoire introspectif sans équivalent. Après bien des tergiversations, une vingtaine d'ouvrages s'imposèrent et finirent par rejoindre nos équipets. Avec, à la clef, deux spécificités distinctes : être dissemblables afin d'épouser les situations forcément contrastées d'un raid de 1 400 milles, mais aussi être, pour la majorité d'entre eux, le fruit d'une cogitation menée sur le terrain même de nos découvertes à venir.

C'était le cas des deux romans lus d'emblée, à peine installés dans notre cabine transformée – en même temps que le pont supérieur – en salon de lecture privilégié. Deux préludes accessoires signés Georges Simenon et Romain Gary qui, l'un et l'autre, ont jadis – et rapidement – fait le voyage de Tahiti. Le premier en 1935, à trente-deux ans pendant quarante jours ; le second en 1967, à cinquante-trois ans pendant quatorze jours. Ni *Touriste de bananes* ni *La Tête coupable* ne constituent des étapes essentielles dans l'œuvre de ces deux auteurs majeurs ; leurs intrigues ne méritent guère que l'on s'y attarde mais, au fil de leurs pages, affleura d'emblée, ici comme là, l'idée d'un supposé « nombril du monde » capable d'engloutir, l'espace d'un instant, tous les rêves de paradis béatement accumulés jusque-là.

Rien de très surprenant : déjà les marins initiaux – ceux de Samuel Wallis ou de Louis-Antoine de Bougainville – avaient noté cette fatale perte de contrôle, constatant, les uns et les autres, que leurs admirations initiales, mêmes inattendues, mêmes exceptionnelles, s'attardaient à peine plus dans leur mémoire que l'empreinte de leurs pieds sur le sable. La Polynésie est illusoire par essence qui, toujours, refuse à ses visiteurs qu'ils fassent de leurs impressions provisoires leur miel définitif. Au pays des beautés superlatives où les eaux sont – objectivement – magiques et les cieux – réellement – époustouflants, les volcans, les lagons et les plages ne déçoivent jamais. On ne peut pas en dire autant des œuvres du progrès et de la modernité dont l'irrémissibilité a, depuis toujours, mis sous hypothèque un éden – forcément – sujet à caution.

En ouverture :
Polynésie française, archipel des Marquises, île de Fatu Hiva, baie des Vierges.

À droite :
Baie de Matavai, 1961, tournage du film de Lewis Milestone : *Les Révoltés du Bounty*. Trevor Howard joue le rôle du capitaine William Bligh, et Marlon Brando, celui de Fletcher Christian.

1. Nouvelle de Camilio Boito datant de 1883, adaptée au cinéma par Luchino Visconti en 1954.

La Polynésie est illusoire par essence qui, toujours, refuse à ses visiteurs qu'ils fassent de leurs impressions provisoires leur miel définitif. Au pays des beautés superlatives où les eaux sont – objectivement – magiques et les cieux – réellement – époustouflants, les volcans, les lagons et les plages ne déçoivent jamais.

De nos jours, la plage du débarquement inaugural est bien sage ; refuge balnéaire que rien ne distingue vraiment de nos habitudes métropolitaines. Aucun indice n'y suggère la collision frontale orchestrée trois siècles et demi plus tôt : les guerriers à la peau ambrée, affublés de couronnes de fleurs, et les marins engoncés dans des uniformes inadaptés.

Dans notre boîte à livres, une saga résumait tout cela : celle de la *Bounty* qui, entre toutes, illustre cette malédiction. Nous avions noté que c'est en baie de Matavaï, au nord de l'île de Tahiti que tout avait commencé ; du moins, la rencontre de la population indigène avec les 46 Britanniques venus à bout d'un périple de 27 000 milles. L'évidence était de s'y rendre. De la colline de l'Arbre solitaire au banc du Dauphin s'étend une langue de sable noir d'environ deux kilomètres. C'est là précisément que les envoyés spéciaux du roi George III relâchèrent le 26 octobre 1788. Un peu plus à l'est, s'avance la pointe Vénus : un promontoire rocheux pas autrement remarquable, sauf qu'il est le point le plus septentrional de l'île.

Cette avancée doit son nom à l'indispensable James Cook qui y stationna quelques jours, en 1769, afin d'observer dans le détail la planète la plus chaude de notre système solaire. Près d'un siècle plus tard, en 1867, les autorités françaises y firent construire un modeste phare de 32 mètres composé de moellons de coraux, spécialement dépêchés des îles Gambier, en même temps que quelques-uns de ses habitants spécialisés dans leur ajustement. Aujourd'hui, 365 marches mènent au sommet de l'édifice, où est installé un feu blanc dont les éclats dardent l'horizon toutes les cinq secondes.

Au-dessus de la porte d'entrée, trois plaques en français, anglais et polynésien affirment que les plans de cette vigie de pierre ont été dessinés par le père de Robert Louis Stevenson et que ce dernier est venu saluer l'œuvre familiale en 1888 – six ans avant de rendre son dernier souffle aux Samoa. Dans *Fenua*, son dernier opus – également au nombre des livres sélectionnés à bord de *Senso* –, Patrick Deville remet en cause cet acte de naissance. Il a bien raison. Thomas, le père de l'auteur de *L'Île au trésor*, a certes dessiné quelques phares, mais son champ d'action se limitait au pourtour de l'Écosse et on imagine mal le comte Émile de La Roncière, « commissaire impérial aux îles de la Société » à ce moment-là, commander à un Britannique un monument entérinant un peu plus l'emprise de la France sur ce territoire.

Du temps de la *Bounty* – « la générosité » en v.o. –, ce sont les Anglais qui régnaient sur cette collection d'îles éparses ; sans esprit belliqueux affirmé, mais plutôt avec le souci d'estimer leur potentiel grâce à une série de scientifiques dépêchés tout exprès. C'est d'ailleurs un botaniste – Joseph Banks – qui avait lancé le motif du voyage de la *Bounty* : la récolte d'un millier de plants d'arbre à pain destinés à prospérer en Jamaïque, afin de servir de nourriture de base aux journaliers chargés eux-mêmes d'exploiter, là-bas, la très frugifère canne à sucre.

Le début du voyage de ce beau trois-mâts de 27 mètres se déroule sans désagrément essentiel. Sauf que le Horn se refuse, trente et un jours durant. Un enfer durant lequel la *Bounty* ne parcourt que 80 milles – un modeste aller-retour entre Brest et Ouessant. Dès lors, la perspective d'une rapide circumnavigation est abandonnée au profit d'une « longue route » façon Moitessier, qui, via Bonne Espérance et Leeuwin, rallonge d'un bon quart la distance préalablement envisagée. Les officiers du bord demeurent sereins : ils disposent d'un chronomètre John Harrison dernier cri, propre à éviter tous débords supplémentaires. L'équipage beaucoup moins ; soumis, par la force des circonstances, à des rations alimentaires sans cesse revues à la baisse et à des humiliations, à l'inverse, toujours révisées à la hausse. Trop souvent, le chat à neuf queues est de sortie. Penché au-dessus d'un supplicié, le médecin du bord – un alcoolique notoire – n'a d'autre alternative que de constater : « Son dos enfla fortement, mais ce n'est qu'au dernier coup de fouet que sa peau éclata. »

On connaît le partage des rôles du drame à venir, mais on ne résiste pas à l'envie d'en répéter les détails, au risque d'embarquer définitivement le lecteur dans une aventure située à des années-lumière de notre idyllique croisière d'agrément. D'un côté, l'obséquieux et tonitruant capitaine William Bligh, hargneux et haineux à la fois ; de l'autre, son second, Fletcher Christian, mieux argenté et mieux éduqué, loyal, rompu, mais sans doute un rien dilettante au regard des traditions alors en usage. Au centre : un équipage hétéroclite composé de 5 jeunes midships, d'un phytologue et de 38 matelots pour une bonne part enrôlés de force ou directement recrutés dans les divers établissements pénitentiaires du royaume. Un mélange détonnant qui, frotté à une gestion humaine déplorable et à une échelle de sanctions totalement inadaptée, finira par exploser vingt-huit jours seulement après que la *Bounty*, les cales remplies de plants d'arbre à pain, eut abandonné derrière elle l'incomparable baie de Matavaï et ses largesses.

De nos jours, la plage du débarquement inaugural est bien sage ; refuge balnéaire que rien ne distingue vraiment de nos habitudes métropolitaines. Aucun indice n'y suggère la collision frontale orchestrée trois siècles et demi plus tôt : les guerriers à la peau ambrée, affublés de couronnes de fleurs, et les marins engoncés dans des uniformes inadaptés ; les pirogues qui fusent, les canons qui menacent ; les chants tribaux et les roulements de tambour et, plus encore, les innocentes vahinés dont la légende colporte que rares étaient celles à ne pas « valoir un clou » puisque tel était, paraît-il, la monnaie d'échange entre la naïveté qu'elles incarnaient et l'immoralité de leurs hôtes.

Cinq kilomètres plus loin, en direction de Papeete, nous avions pris le soin de nous arrêter dans une petite maison de bois sans façon, transformée en un si discret musée que beaucoup de touristes de passage ignorent même que celui-ci existe. La résidence ceinte de plantes multicolores a longtemps appartenu à James Norman Hall qui, avec son compère Charles Nordhoff, a précisément remis au goût du jour l'épopée de la *Bounty*. Éprouvés par la Grande Guerre où ils avaient l'un et l'autre servi au sein de l'escadrille La Fayette – au côté de Charles Nungesser –, ils s'étaient repliés ensemble vers les îles ; « seul territoire, souligne Nordhoff, capable de redonner le goût de vivre ». Leurs premières tentatives littéraires à quatre mains firent long feu ou déçurent jusqu'à ce que Hall découvre une série de documents rares rendant compte, jusque dans ses plus infinis détails, de la mutinerie la plus célèbre de l'histoire.

Dans la bibliothèque de sa maison tahitienne figurent quelques-unes de ces pépites : l'étude de John Barrow fondée sur les rapports de l'amirauté, matrice essentielle, écrite en 1831 ; celle, nettement plus lacunaire, de Jules Verne, inspirée du travail préparatoire du géographe Gabriel Marcel publiée en 1879 ; celle de John Morrison, mutin à part entière, auteur d'un témoignage de première main qui ne fut authentifié qu'en 1931. Autant de contributions qui importent, sauf que la synthèse aboutie par Hall et Nordhoff au terme de cinq années de travaux acharnés les surpasse toutes, tant au niveau des faits que de leur mise en scène.

C'est aux deux as que revient, par exemple, le mérite d'avoir accentué à ce point les traits de caractère des deux principaux protagonistes, et plus encore le cours de leurs épopées maritimes parallèles. La première, commandée par le banni n° 1 qui, à la barre d'une fragile baleinière de sept mètres, encombrée par 19 hommes à court de nourriture et de cartes, parvint à rejoindre un port ami au terme de quarante jours d'épiques souffrances. La seconde, dirigée par le rebelle en chef qui, après bien des hésitations, finit par conduire la *Bounty* jusqu'à l'île Pitcairn – située à 2 000 kilomètres de Papeete et à 2 000 kilomètres de l'Île de Pâques – en compagnie de 8 acolytes incertains et de 16 Tahitiennes et Tahitiens contraints.

Tout au long de leur récit, Hall et Nordhoff maintiennent le suspense. Leur admiration oscille sans cesse entre l'autorité emperruquée, qui jamais ne transige, et l'indulgence déboutonnée qui, petit à petit, se relâche. Juste avant que le contexte général ne fasse pencher la balance : comment, un an avant que la Révolution française n'essaime ses idées d'indépendance, ne pas privilégier, en effet, la remise en cause du pouvoir institutionnel, en même temps que la promesse d'une vie meilleure ?

On en revient toujours là : à ce paradis révélé comme au premier matin du monde et à cette obligation de devoir l'abandonner un jour pour des habitudes plus serviles. Lorsque Hollywood se mit en tête d'adapter le mythe, c'est cette malédiction qui, une fois de plus, imposa son ressort dramatique prioritaire. Sur fond de contestation raciale et de guerre du Vietnam, cette fois, les scénaristes s'empressèrent de jouer de l'argument magnifié par Hall et Nordhoff ; avec d'autant plus de zèle que l'interprète principal, Marlon Brando – alias Fletcher Christian – souquait dans cette direction tout autant. Au sommet de sa gloire, en ce début des années 1960, le docker enragé de *Sur les quais* n'eut guère à forcer son talent pour faire entendre sa voix. C'est du côté des faibles et des indigènes que penchèrent son point de vue et la justification même du récit cinématographique à venir.

Avant cette version de 1962, les *Révoltés* avaient déjà imposé deux Fletcher Christian à l'écran qui, pour les besoins de la cause, avaient pareillement sacrifié leur plus que célèbre moustache : Errol Flynn en 1933 – *In the wake of the Bounty* – et Clark Gable en 1935 – *Mutiny on the Bounty*. Une bien timide offrande au regard des investissements consentis par Marlon Brando lui-même. Si son interprétation un rien cavalière déconcerta plus d'un spectateur, elle traduisait un engagement tel qu'il ne parvint plus, à un moment donné, à faire la différence entre sa vie propre et celle de son héros.

En amont de cette aventure démesurée qui mobilisa une équipe de tournage pléthorique pendant dix-huit mois, le révolté par essence avait convolé le plus officiellement du monde avec Movita Castaneda, la vahiné dont Clark Gable est amoureux dans la version de 1935. Par la suite, Brando récidiva et se maria avec une beauté 100 % locale, Tarita Teriipaia – premier rôle féminin de son propre film, le seul où l'on parle un peu le sabir local, qui apporte quelques attentions aux us et coutumes du cru et où l'on émet d'évidentes craintes quant à l'avenir de ceux-ci. Pour ajouter à son adhésion, Brando multiplia ses séjours polynésiens qui, au bout du compte, aboutirent à l'achat de l'île Tetiaroa où il vécut de nombreuses années. Là encore – évidence décidément intangible –, l'histoire tournera à l'aigre : Brando se lassera, se parjurera, prouvant, une fois encore, que le paradis est une notion on ne peut plus éphémère.

Cinq semaines durant, au gré des lointaines Marquises et Tuamotu, *Senso* et son équipage s'en sont donné à cœur joie : partout des reliefs infinis et des lagons incandescents ; d'aimables adultes et des enfants rieurs ; des fruits à volonté et des poissons à profusion ; un sens de l'hospitalité non feint, une langueur qui toujours invite à la contemplation, mais aussi, comme une antienne, cette atmosphère un rien toxique qui, de manière tout aussi implicite, renvoie le voyageur provisoire à des renoncements qui font l'ordinaire de ces extrêmes géographiques. Une voie sans issue en réalité dont personne, jamais, n'est revenu indemne – et surtout pas les écrivains. Dans le sillage de la *Bounty*, tous sans exception, de Melville à Loti, de Stevenson à London, de Segalen à Gerbault, de Triolet à Reverzy, ont goûté le bonheur indécent et son inévitable contraire. On aimerait se tromper, imaginer d'autres alternatives et conclusions. Mais peut-être est-il tout simplement impossible pour quelques « passants éphémères et modestes » – Stevenson – que ce soit de s'accommoder de tant de munificences. On a beau se satisfaire pleinement du voyage aller vers l'idéal, comme un inexorable mouvement de balancier, toujours le voyage retour impose ses renoncements obligatoires. – **BH**

Ci-dessous : Affiche du film *Les Révoltés du Bounty* adapté du roman de Charles Bernard Nordhoff et James Norman Hall, *Mutiny on the Bounty* (1932).

Informations

Dernier livre paru : *Le Mystère Lindbergh*, Stock, 2022.

Les premières VAGUES

Mathieu Accoh

Photographies de **Mathieu Thoisy**

Retrouver la vague primaire.
Surfer sur l'origine du monde. Faire corps
avec l'océan sur la côte basque,
quand le soleil se lève aussi.

« Quinze ans après, je retrouvais mes ruines,
à quelque pas des premières vagues. »
Albert Camus, *Retour à Tipasa* (1952)

En écoutant les Anciens ou en lisant les récits des pionniers, on se plaît à rêver au temps lointain où le rivage et ses vagues étaient encore un territoire vierge, hanté par quelques fantômes de pêcheurs naufragés et par les peurs ancestrales de l'élément liquide indomptable. Même chassé au loin par la pratique hédoniste de la plage, il reste quelque chose de ce monde et de ce frisson lorsqu'un homme surfe pour la première fois le littoral atlantique européen.

À un dénommé Peter Viertel est revenu cet honneur. Allemand de l'Est s'étant fait un nom à Hollywood, il vient réaliser au Pays basque, en 1956, l'adaptation cinématographique du livre d'Ernest Hemingway, *Le Soleil se lève aussi*. Dans l'aspiration des jeunes Américains du roman partis chercher l'aventure en Europe, entre Paris et les fêtes de Pampelune, Peter Viertel retrouve la côte basque qu'il a découverte l'année précédente. Il est tellement séduit qu'il achètera une maison à Saint-Pée-sur-Nivelle, avec sa femme, l'actrice Deborah Kerr.

Mais qui peut imaginer son plaisir, ce jour d'été 1956 ? Seul, il surfe sur un *longboard* emporté dans ses bagages californiens. Même si la légende dépasse la réalité et que cette première session se termina par l'avant de la planche cassé dans les rochers, on peut imaginer l'onde de choc produite par la vue de cet homme en équilibre sur une vague biarrote. Elle a touché de plein fouet une première génération de pionniers, inventeurs et casse-cou que l'on appelle ici avec affection les « tontons surfeurs ». Et c'est cette même onde qui continue de se propager jusqu'à nous, diffusant avec

En ouverture et sur la pages suivantes : Biarritz, Côte des Basques.

elle la même fascination et le même enthousiasme contagieux que chez les premiers spectateurs.

La même fascination éprouvée par le jeune Jack London, envoûté par l'adresse et la grâce des surfeurs hawaïens lorsqu'il écrivit à propos du surf qu'il est « le sport de roi, pour les rois naturels de la terre ». Depuis lors, la soif de découvrir de nouveaux horizons et de nouvelles vagues, l'appétit hédoniste de nos contemporains et la production en masse des supports de glisse ont conduit à la démocratisation que l'on connaît. En contrepartie, le sentiment nostalgique d'un paradis perdu plane au-dessus de chacune de nos sessions de surf.

Ainsi, en matière de voyage, raconter, témoigner, c'est toujours aussi un peu trahir. Et, finalement, il y a fort à parier que les secrets du littoral basque ont tous été éventés tant le désir de les partager a supplanté celui d'en jouir, tant leur majesté interdit tout espoir de les garder pour soi et encore plus de les posséder.

Ici, le paysage vibre des amours ombrageuses de la puissance océanique et des forces telluriques du massif pyrénéen. Même au cœur d'une parfaite journée d'été ensoleillée, une masse nuageuse grondante et ténébreuse peut soudain surgir de l'horizon et s'avancer du nord-ouest, telle une armée déchaînée de cavaliers barbares chevauchant l'écume, prête à tout balayer sur son passage – parasols, serviettes et jouets de plage – : Le « *brouillarta* », comme on l'appelle à Hendaye, ou « *enbata* » en basque, ou encore la « galerne » selon les météorologues. Ce phénomène, parmi d'autres, manifeste l'énergie qui circule en ce lieu, dont les hommes seraient bien présomptueux de vouloir se rendre maître. Et, à mesure de l'avancée de la saison touristique, de la transformation du littoral en un gigantesque caravansérail où les pèlerins posent leurs bagages, leurs soucis et la fatigue de leur vie laborieuse avant d'atteindre leur petit coin de paradis, un voile de trivialité bruyante recouvre ce même paradis qui s'éloigne, tel le reflux d'une onde effarouchée.

Et pourtant, à certaines heures, ce voile se lève à nouveau. Aux premières lueurs du jour par exemple, à l'heure où la ville est peuplée de rêves et de fantasmes, alors que les noctambules expient leurs excès de la veille, un spectacle rare s'offre pour quelques privilégiés. Avec un ou deux amis suffisamment déterminés pour descendre vers la plage avant d'avoir fini leur nuit, nous nous glissons comme des ombres parlant à voix basse, comme si la présence des hommes était malvenue.

Un jour d'été, mon fils et sa petite bande d'adolescents surfeurs portés par un enthousiasme juvénile se sont même retrouvés en situation délicate alors qu'ils partaient en repérage au petit matin, lorsque des agents de la police municipale les ont pris pour de trop jeunes fêtards arpentant le littoral à une heure indue et à l'insu de leurs parents. Finalement l'un des agents, surfeur à ses heures, les reconnut,

La soif de découvrir de nouveaux horizons et de nouvelles vagues, l'appétit hédoniste de nos contemporains et la production en masse des supports de glisse ont conduit à la démocratisation que l'on connaît. En contrepartie, le sentiment nostalgique d'un paradis perdu plane au-dessus de chacune de nos sessions de surf.

Un de mes plus beaux souvenirs est attaché à Guéthary, petit village dont la rue principale glisse doucement, puis abruptement vers un minuscule port de pêcheurs protégé des assauts de l'océan par une digue. Si on ne se laisse pas emporter par la route, une esplanade offre un panorama exceptionnel sur la vague mythique de Parlementia.

les félicita même pour leur courage et ils purent ainsi continuer leur aventure, entre loup et chien si l'on peut dire. À cette heure donc, alors que la brise marine n'est souvent pas levée, l'océan au loin apparaît étal, calme comme un lac immense absorbant la faible lueur crépusculaire du ciel sombre. La rumeur des vagues est bien souvent la première indication de la qualité de la houle. Les spots de la grande plage de Biarritz, d'Erretegia à Bidart, de Cenitz à Guéthary ou, les jours de gros *swell*, à Sainte-Barbe où la baie de Saint-Jean-de-Luz ne se découvre ainsi qu'au dernier moment. Mais même les magnifiques vagues de la côte des Basques ne se révèlent vraiment qu'une fois descendues les longues marches serpentant le long de la falaise qui surplombe la plage. C'est là, au pied des vagues que l'on peut réellement sentir l'élément, sa force et parfois son adversité : dévorer une viennoiserie encore chaude achetée à l'arrière d'une boulangerie entrouverte pour les livraisons, les professionnels et les noctambules ; boire quelques gorgées de thé, de café ou de jus ; enfiler sa combinaison et échauffer les articulations et les muscles encore engourdis. Tel est l'étrange rituel précédant le saut dans le grand bain, alors que le ciel s'apprête à offrir son spectacle grandiose.

Un de mes plus beaux souvenirs est attaché à Guéthary, petit village dont la rue principale glisse doucement, puis abruptement vers un minuscule port de pêcheurs protégé des assauts de l'océan par une digue. Si on ne se laisse pas emporter par la route, une esplanade offre un panorama exceptionnel sur la vague mythique de Parlementia. Quelques bancs y sont posés et permettent d'embrasser du regard toute la côte, de Fontarrabie au sud, aux maisons plus ou moins intrépides vers le nord, qui s'agrippent à la falaise, jusqu'à la pointe nord avec Biarritz minuscule au loin, perchée sur son rocher.

L'un de ces bancs est à lui seul d'ailleurs un morceau de l'histoire du surf. C'est sur ce banc que se posait Miki Dora, figure légendaire et tutélaire du surf, rebelle, escroc et visionnaire quant à la fragilité de nos écosystèmes, surfeur fuyant l'invasion barbare de son spot de Malibu. Dès la fin des années 1960, le bien surnommé « Da Cat » y contemplait le *line-up* et ce banc, cette esplanade, cette vue constituent une sorte de pèlerinage secret pour ceux qui savent. Mais, au moment où nous décrivons, même si chaque pas est chargé d'histoire et d'anecdotes, il n'est pas question d'autre chose que de vivre intensément un instant privilégié. Ce genre de session est une parenthèse volée dans le temps profane et laborieux.

Le *longboard* sous le bras, nous descendons donc par un petit escalier au nord, laissons sur notre gauche l'Hétéroclito – le bar-restaurant tenu à cette époque par Maria-Victoria et Patrick qui avaient fait de cette cabane de pêcheur un lieu improbable, débordant d'humanité, de musique, d'odeurs et d'objets venus des quatre coins du globe. Puis, au bout d'un chemin sinueux bordé de tamaris, l'océan apparaît.

Passer au-delà du muret qui protège la côte des assauts des vagues. Suivre une voie invisible entre les rochers encore recouverts à mi-marée et ramer vers le large sur quelques centaines de mètres pour parvenir au *peak*. Quelques phrases échangées avec les camarades de jeu et, au loin, l'infini qui s'allume et se colore lentement. La particularité de la vague de Parlementia, c'est qu'elle casse sur un haut-fond rocheux. Elle peut donc être contournée sans difficulté. Mais cela en fait une vague paradoxalement très accessible pour peu que l'on soit prêt à ramer jusqu'à elle et, en même temps, piégeuse parce qu'elle se déplace et risque à tout moment de vous emporter alors que vous pensiez être à l'abri sur ses côtés ou à l'arrière, au large.

C'est pourquoi, une fois arrivés au *peak*, nous prenons un instant pour récupérer, ajuster notre position et contempler le panorama. Face à nous, encore plongée dans l'obscurité, la côte arborée où l'on ne parvient même pas à deviner le chemin que nous venons de suivre ; puis l'ancien hôtel-casino, aujourd'hui résidence privée, dont les terrasses sont empruntées par ceux qui savent qu'une servitude de passage permet de s'y aventurer pour arpenter le sentier du littoral. Plus au sud encore, bordé par la jetée des Alcyons, sommeille le port où une vingtaine de barques de pêche colorées attendent leur heure.

C'est l'un des plus petits ports de France où les bateaux amarrés en cale sèche sont descendus en mer par des treuils électriques et où trafiquent, disent les mauvaises langues, les contrebandiers de toujours. Avec son étroite cale d'accostage, il est l'héritage lointain de pratiques ancestrales dont témoigne le nom basque *Getaria*, qui vient du latin « *cetaria* » désignant un « lieu de salaison » – puisque, dès l'Antiquité, les Romains y avaient construit des bassins de traitement et de transformation des produits de la mer.

Mais aujourd'hui, dans le calme olympien de ce matin naissant, il est difficile d'imaginer qu'aient pu partir de cet endroit des pêcheurs de baleine, de morue, de thon, de sardines ou de langoustes. Gardienne de ce silence et seul élément vertical de ce village qui inspire aux hommes la discrétion et la simplicité, la résidence Art déco Guetharia, fierté des Années folles, surplombe le port. Et, au loin, les masses sombres mais bienveillantes de la Rhune, des Trois couronnes et du mont Jaizkibel – pointe occidentale des Pyrénées.

De quelque côté que l'on regarde, tout ici est puissant, époustouflant, sublime ; encore plus sous le ciel d'un noir bleuté qui tourne à l'orange, s'illumine doucement, dissolvant l'obscurité dans un bain de couleur et recouvrant les rares nuages d'un voile rose. Quelques instants de magie, éphémère lever de rideau d'un premier matin du monde qu'aucune photo, qu'aucun pinceau ne peut rendre. Et, autour de nous, l'océan à perte de vue qui s'éclaire enfin ; ses vagues inlassables qui viennent achever sur la plage leur immense périple.

À chaque fois, cette impression étrange d'être un fétu de paille flottant sur une surface en mouvement, cachant une profondeur insondable ; le bruit régulier des mains plongeant dans l'eau fraîche et prenant appui sur cette matière fuyante ; l'accélération pour se placer au bon endroit et ramer afin de s'insérer dans une onde pour se laisser emporter par elle ; revenir régulièrement au cœur de la vague, parce que Parlementia exige de se tenir au plus près du déferlement afin de ne pas perdre cette énergie qui la porte. Ici coule le fleuve Léthé, le fleuve de l'oubli : l'oubli de tout ; de la distance, du quant-à-soi, du passé et de l'avenir.

Faire corps avec l'élément et sentir cette puissance qui vous porte : une pure présence, à soi et au monde ; une jouissance simple et sans mélange. Surfer, c'est accepter de ne plus être ni posé ni maître des choses. C'est faire siens le mouvement et l'instabilité et, paradoxalement, comprendre que c'est au cœur de ce mouvement que l'on est le plus en sécurité, alors que tout autour n'est que fracas et tumulte.

En cet instant, il devient évident que nous ne sommes que de passage et qu'il n'est pas de rive où s'amarrer. Seul sur son frêle esquif de mousse polyuréthane, porté par les mouvements et les humeurs de l'océan, le surfeur est une espèce de philosophe par le geste qui s'exerce à l'acceptation de l'impermanence. Peut-être même que cette phrase lumineuse et tragique de Blaise Pascal peut lui devenir évidente : « Cela n'est pas volontaire, vous êtes embarqué. » C'est forts de cette conviction expérimentée dans notre chair que, ce matin-là, nous sommes retournés dans le monde des hommes. – **MA**

Reportage

LE SEL DE LA TERRE

Texte de **Alexandre Kauffmann**

Le Magne est une des régions
les plus secrètes de la Grèce.
Baignée par la mer Ionienne, elle produit
un or blanc : le sel le plus raffiné au monde.

Rendez-vous à l'aube. Aucune latitude n'est permise sur l'heure : tout fond avec le jour dans cette partie du monde. Un souffle incandescent se lève sur le golfe de Messénie, soumet sans préavis les êtres et les choses à l'immobilité, puis les condamne à une fusion exhaustive, ne laissant dans son sillage que vertèbres, jantes de Mercedes et plombages en forme d'osselets. La mer, elle, respire péniblement. Bleu sourd. Écume rare. En plus de ces conditions extrêmes, notre expédition souffre d'une finalité incertaine : identifier la source du sel le plus raffiné au monde, celui du Magne – région austère qui s'étend au sud du Péloponnèse. Ces fleurs cristallines, mûries dans les abysses, entreposées au pied des tours maniotes, se croquent comme des dragées.

La marque de l'hédonisme

L'homme à l'origine de l'expédition est Alexandros Rallis, connu dans les parages sous le nom de « Brute hédoniste ». Depuis quelques années, il se livre à une fructueuse contrebande entre la Grèce et la France : huile d'olive, féta, miel et, bientôt, sel du Magne… L'un de ses plus proches amis doit nous ouvrir la voie : Giannis le Taciturne, considéré non seulement comme le meilleur chef de Kalamata, mais aussi comme un grand connaisseur des côtes alentour ; maître des saveurs du Péloponnèse et surtout de leur toponymie. Après d'âpres négociations, chacun d'entre nous a obtenu une permission auprès de sa famille pour partir à la recherche de ces précieuses « dragées de sel ».

La fraîcheur matinale se dissipe sous les citronniers de Kitries. Toujours aucune nouvelle de mes compagnons. La Brute hédoniste n'apprécie guère les raideurs d'agenda. Pourquoi écraser le pouls clair du monde sous un talon impatient ? Rallis s'est fait une règle de ne jamais insulter le présent ; quitte à faire tousser l'avenir. C'est la marque de son hédonisme.

Le soleil dépasse déjà les monts du Taygète quand deux Vespa s'annoncent aux portes de Kitries : Alexandros et Giannis. Enfin, l'équipe au complet ; avec sa fougue et sa vocation hasardeuse. Nous prenons la route de l'est, avant que l'ombre ne se rétracte tout à fait au pied des cyprès.

Sur les hauteurs dominant le golfe de Messénie, la dignité du paysage se prête peu à la gaudriole. La chaleur y dissout méthodiquement la couenne de l'existence. Ne restent que des pierres, des oliviers et quelques planètes dans le ciel ardent. Le Magne dévoile ses étendues lunaires. Les familles de la région, longtemps soumises à une pauvreté légendaire, se les sont disputées pendant des millénaires. Ces rochers ne produisaient qu'une richesse : le sel laissé par la mer dans leurs anfractuosités. Par endroits, il y avait aussi les oliviers. Alexandros Rallis hurle à cheval sur sa Vespa : « De ces augustes parcelles sont issues la Romanée-Conti de l'huile d'olive ! » La postérité jugera. Le verdict ne sera pas long : la postérité, pour la Brute hédoniste, se résume à la seconde qui vient – à l'empire d'une larme verte sur la langue.

Mort par insolation

À l'évidence, Rallis fait mentir l'assertion selon laquelle le Magne est la seule région de Grèce dépourvue de poète. Mais ses vers ne chantent pas le large et les lointains. Ils sont tournés vers la terre. Comme tous les Maniotes, il se méfie de la mer. Sa grand-mère ne savait pas nager. Lui-même ne descend qu'avec appréhension dans les eaux chaudes qui baignent sa région. Les habitants du Magne ont longtemps vécu retranchés dans une orgueilleuse solitude, tournant le dos au souffle de la mer. Sans compter qu'ils continuent de digérer un affront majeur : le dénuement obligeait autrefois certains d'entre eux à manger des étoiles de mer…

Et le sel maniote dans tout ça ? « *Meta, meta…* [Après, après…] », temporisent mes compagnons de route. Derrière une demeure en pierres, Giannis le Taciturne repère un grill. Contre un sourire et une brève conversation sur le temps qui passe, la propriétaire accepte de le mettre à notre disposition. Elle nous offre aussi une poignée de crevettes fraîches. Giannis les coiffe patiemment de fleurs de courgettes, puis les jette sur les braises. Au bout de quelques minutes, on goûte l'œuvre improvisée. Le retard, la fournaise, la feuille de route aléatoire, tout ça est oublié : la bouchée vaut amplement une mort par insolation.

Giannis accepte les présents venus du large, mais lui aussi s'en méfie. Il n'aime la mer que

La chaleur y dissout méthodiquement la couenne de l'existence. Ne restent que des pierres, des oliviers et quelques planètes dans le ciel ardent. Le Magne dévoile ses étendues lunaires.

En ouverture : Cap Matapan, au sud du Magne – pointe la plus méridionale du Péloponnèse.

Ci-dessus : Sur la route descendant vers le village de Hotasia.

quand elle est absente : « J'ai grandi face à elle, sans y faire attention. C'est seulement en voyage que je mesure la place qu'elle occupe dans ma vie. » Signe de ces liens étroits et équivoques, le chef taciturne, lorsqu'il cuisine du poisson, dépose toujours une tranche de lard sur les écailles...

Interminables vendettas

Halte digestive dans les vapeurs tièdes et sucrées d'un figuier. Des sauterelles s'endorment sur nos épaules. Au sortir de la sieste – songes peuplés d'arches enflammées et de laves crépitantes –, les Vespa reprennent paresseusement leur office en direction du sud. Les machines toussent et chauffent dans les tournants. Nous finissons par couper le contact : chute libre et silencieuse vers Kardamyli. Un vent chaud siffle à nos oreilles.

Un aplat saphir se déroule sous les falaises. C'est encore la mer Ionienne, même si la pointe sud du Magne annonce la mer Égée, à l'est – toujours entre deux eaux ; en délicatesse avec le large. Cette région, jadis la plus isolée de Grèce, est tellement jalouse de son indépendance qu'elle a longtemps refusé de partager ses conflits avec l'étranger. Du XIVe au XIXe siècle, les Maniotes se sont épanouis dans d'interminables vendettas entre voisins. Ce n'est qu'à regret, acculés par le dénuement et la faim, qu'ils gagnaient le large pour se livrer à des actes de piraterie – parfois une embarcation vénitienne, parfois un drapeau turc. Trop faibles pour attaquer des flottes entières, ils jetaient leur dévolu sur les bateaux retardataires ou égarés.

En tête du cortège, Giannis lève une main au milieu de Kardamyli. Une escale s'impose chez l'une de ses connaissances pour déguster des sorbets au citron. Ne serait-ce pas cette ville que mes compagnons, par passion métaphorique, désignent comme le sel de la terre ? N'a-t-elle pas recueilli le suffrage des guerriers et des poètes ? D'abord offerte à Achille, puis élue par Bruce Chatwin – barde incontesté de la mappemonde – pour accueillir ses cendres. Son ami l'écrivain Patrick Leigh Fermor, qui passait ici l'essentiel de son temps, est d'ailleurs l'auteur d'un des rares ouvrages sur le Magne.

Après avoir siphonné son sorbet, la Brute hédoniste soupire d'aise, contemple la mer dans une grimace, puis allume un cigare – un Robusto cubain, D4 de Partagas. Il fait quelques pas en pétunant, torse bombé. En apparence, Rallis a tout du fléau balnéaire : tatouage de tigre sur l'épaule, maillot ocre de l'AS Roma, cigare entre les dents. Un épouvantail pour les amateurs de solitude et de poésie. On pourrait y voir le pendant grec de Roman Abramovitch ; ou, pire, un tifosi fuyant ses excès au fond du Magne.

L'heure sans ombre

Comment deviner la délicatesse, le raffinement et le tact qui se cachent derrière ces redoutables atours ? La Brute hédoniste se plaît à brouiller les pistes ; entretenir l'ambiguïté ; allumer des contre-feux – en dépit de la chaleur.

Voilà désormais l'heure tant redoutée : l'heure sans ombre. Nous maintenons le cap vers le sud et le cœur de la canicule. Alors que

Des sentiers secrets descendant vers la mer. Au fond d'un boyau de roches orné de câpriers se cache une vaste cavité : une piscine naturelle aux eaux phosphorescentes. Des relents de terre vermoulue flottent sous les stalactites.

la colonne de l'univers fléchit, amollie par la fournaise, les ports maniotes nous offrent une parade élémentaire : de l'eau fraîche et l'asile de leurs tonnelles.

Giannis a mieux : des sentiers secrets descendant vers la mer. Au fond d'un boyau de roches orné de câpriers se cache une vaste cavité : une piscine naturelle aux eaux phosphorescentes. Des relents de terre vermoulue flottent sous les stalactites. Cette grotte, comme toutes celles de la région, abritait autrefois les trésors hétéroclites que les pirates maniotes arrachaient à la mer : bijoux, épées, turbans, fourrures ornées de dentelles... Comment le chef taciturne a-t-il percé le secret de ces abris ? Une enfance dans les parages ; et un beau-frère promoteur immobilier, qui possède la moitié du littoral. Nous n'en saurons pas davantage. De retour vers la route, Giannis ferme la marche, effaçant la trace de nos pas sur le sentier – un homme de secrets.

Toujours pas de sel à l'horizon ? « Tranquille, tranquille... », lancent avec humeur la Brute hédoniste et le chef taciturne. Mon impatience trahit visiblement le contrat de notre journée, dont la nature profonde m'échappe encore.

Nous traversons Thalames, village suspendu au-dessus de la mer. L'ombre des platanes centenaires glisse sur nos visages comme des taches de guépard. Une femme vêtue de noir, le chignon broussailleux, enveloppe Giannis d'un regard sévère et mélancolique. Dans sa jeunesse, le chef a-t-il laissé ici des promesses non tenues ?

La source du sel

Au-delà de ce bourg aérien, j'entends pour la première fois mes compagnons parler de sel, de pétales blancs, de collecte artisanale. Le sel est ramassé, comme autrefois, au creux des rochers avec de simples gants. L'heure est-elle venue ? « Tu t'ennuies avec nous ? s'enquiert la Brute hédoniste. Il faut d'abord faire un pèlerinage. Sur la plage de Kalogria... » Pourquoi ce ruban de sable mérite-t-il tant d'attentions ? À en croire mes compagnons, ce serait le berceau d'un chef-d'œuvre, *Alexis Zorba* : ode à l'amitié et aux plaisirs de la mer, composée par l'écrivain Nikos Kazantzákis. Nous rendons un hommage furtif à l'écrivain : la plage est couverte de parasols aux couleurs criardes, sous lesquels somnolent des « instagrameuses » aux chairs abolies.

Giannis file désormais en avant, lèvres serrées, de peur d'avaler les abeilles qui viennent cogner la carlingue de nos Vespa. D'un lacet à l'autre, la chaleur commence à entamer notre entendement : visions, mirages. Des cactus-raquettes, accrochés à la falaise, se prosternent à notre passage : nous voilà souverains provisoires de déserts d'épines et d'étendues ultramarines.

Le chef oblique soudainement vers une route bordée de chênes. Un hameau se profile en contrebas : Hotasia – apparemment, le point de chute de notre expédition ; la source du sel maniote. Giannis coupe le moteur et hurle en direction d'un balcon où sèche du linge : « Devy ! Devy ! » Le nom d'une femme disparue ? L'effet de la fournaise ? Sur le balcon, aucune réponse. Seule une chemise claque au vent brûlant. Hotasia a des airs de cimetière marin.

Ici se trame en silence une rencontre miraculeuse : celle de la mer Ionienne et du calcaire maniote. En naissent des fleurs cristallines ; la seule aumône que les habitants acceptent du large. Le reste, ils le prenaient jadis par la force ou la ruse. Cet échange, dont est issu le meilleur sel du monde, rappelle le « commerce muet » évoqué par Hérodote – auteur né de l'autre côté de la Grèce, à Halicarnasse. Les acheteurs et les vendeurs ne se rencontraient jamais. Les uns, venus en bateau, déposaient leurs marchandises sur le sable et se retiraient en prenant l'or laissé par les autres. « Mais tout se passait honnêtement », précise Hérodote.

« En attendant, annonce le chef taciturne, allons piquer une tête... » Les deux Maniotes, oubliant leurs préventions contre la mer, se déshabillent. Se soucient-ils vraiment du sel ? Est-ce le prétexte à une journée sans entrave ? Rallis plonge amoureusement dans ces eaux polychromes que ses aïeux regardaient avec hauteur. Nous avons atteint notre but : la souveraineté de l'instant, le sel du monde. – **AK**

Ci-contre :
Plage de Kalogria, aujourd'hui investie par les touristes.

L'Australien de QUIBERON

Florence Lozach

Qui est l'aviateur tombé à la mer et enterré dans un cimetière d'une presqu'île du Morbihan ? En août 1942, son bombardier a été touché par une batterie allemande. Enquête à la Simenon entre Houat, Hoëdic et Quiberon.

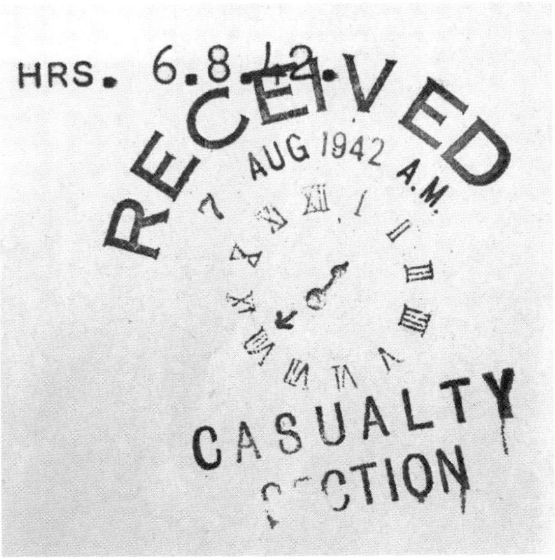

En ouverture :
Plage de Tal er Han.
Île de Houat, Morbihan.

Ci-contre :
Tampon de la section
en charge des victimes,
au sein de l'armée
de l'air australienne.

Sur les dunes de l'île de Houat, en face de Quiberon, il se murmure qu'aux grandes marées, par fort vent d'ouest et quand la mer s'éloigne, un bout d'aluminium brille au ras du sable, sur la plage de La Fontaine Saint-Gildas – comme un reste de carlingue. Le temps de l'étale, la mer soulève son voile de deuil, pointe un indice, puis ravale à marée montante les secrets qu'elle garde sur l'île depuis quatre-vingts ans : une apparition fugace, comme pour dire aux derniers témoins toujours vivants, de faire un effort et de chercher encore.

Le soir du 4 août 1942, sur la base aérienne de Breighton, au cœur de l'Angleterre, le journal des opérations mentionne un « temps nuageux avec averses locales ». Pas de quoi annuler la mission qui se prépare : « Opération jardinage sur les artichauts et le genêt » ; nom de code pour « Opération de largage de mines sous-marines au large de Lorient et en baie de Quiberon ». Dix bombardiers décollent en douze minutes ; neuf seulement reviennent à la base à l'aube. Le Wellington IV Z1422, avec à son bord cinq Australiens – Athole Douglas MacLeod, dix-neuf ans, Thomas Cunnah Hobgen, vingt et un ans, Albert George Grand, vingt-deux ans, Albert William Howard, vingt-neuf ans et Colin Roderick Donald Lowis, trente ans – a disparu en mer.

Sur le cahier de vols de l'escadron, une case blanche à la place de l'heure d'atterrissage, et une phrase sans sujet : « N'est pas rentré à la base. »

Sous la couverture nuageuse, qu'y avait-t-il de l'autre côté de la Manche ? Encore du noir, partout du brouillard, une mission pénible ; Belle-Île à peine identifiable, comme ses petites voisines Houat et Hoëdic ; des paquets de brume qui s'accrochent au cockpit comme des morceaux de coton, peu d'objectifs atteints et sans doute un tir de batterie anti-aérienne allemande, la Flak – dont l'enquête conclura plus tard qu'elle a très probablement abattu le bombardier des Australiens.

Sous leurs couvertures, cette nuit-là, les jeunes de l'île de Houat dormaient-ils seulement ? À l'époque, Jo Le Hyaric vit la guerre à hauteur d'enfant : les vaches réquisitionnées par les Allemands, embarquées sur des bateaux avant d'être « libérées » de justesse ; le bruit lourd des avions – « si nombreux qu'on aurait dit des vols d'étourneaux » –, plus de pain car plus de farine à l'épicerie tenue par les religieuses, les bateaux de pêche à l'arrêt forcé par manque d'essence. Des privations et de l'angoisse, mais une certaine joie de vivre aussi. Dans ce huis clos insulaire, les distractions sont maigres pour une jeunesse encore sous l'emprise morale de l'Église. La mer est leur seul horizon, leur issue de secours. Un jour, une petite bande de garçons décide de rejoindre à la rame l'île de Hoëdic, où les filles ont la réputation d'être un peu plus délurées que celles de Houat. La traversée revient aux oreilles du recteur. Il réprimande en pleine messe, devant parents et familles, les aventuriers d'un jour qui décident de ne plus se laisser dicter leur conduite par le curé : ils quittent la nef, un à un, sous les yeux sidérés de l'assistance. À quatre-vingt-sept ans aujourd'hui, Jo en rit encore. La jeunesse îlienne se rebellait pour se sentir libre et vivante.

Le petit Jo, lui, est encore trop jeune pour aller voir les filles d'Hoëdic. Au bistrot que tiennent ses parents, il laisse traîner ses oreilles dans les conversations des grands – exactement comme le lui a interdit son père. « On savait tous les ragots sur tout le monde ; les histoires de pêche, qui était enceinte de qui, les disputes, tout ! » raconte-t-il en riant sans bruit. La peau autour de ses yeux bleu vif est si fine qu'on devine ses émotions en le regardant, avant même qu'il ne parle. Un jour, il entend que des pêcheurs en pinasse ont trouvé quelque chose sur la côte : « Corps décomposé... aile... roue... train d'atterrissage... uniforme. » Sur ce bijou tricolore qu'est l'île de Houat, le vert de ses chemins, le blond du sable et l'eau lagon, la guerre vient de déposer un corps étranger.

Jo Le Hyaric n'a que sept ans à l'époque et pourtant ses souvenirs collent, au mot près, au rapport d'enquête rendu en 1946 par la Royal Air Force – dont il n'a jamais connu l'existence, ni lu une ligne. La place dans le cimetière, « dans l'angle, au plus près du portail », les dates, les morceaux de tissu.

Sur la seule foi d'une pièce d'uniforme, le corps repêché, une fois en terre, est devenu « l'Australien ». En sortant de la messe, même quand ils se font remonter les bretelles par le père Lorec, les adolescents houatais ne manquent jamais de venir fleurir la tombe de l'Australien. Les morts en mer, quand on vit sur une île et qu'on pêche, on sait ce que c'est ; mais les corps de la guerre, c'est autre chose. Et puis, combien d'années avait-il de plus qu'eux ? Quatre ou cinq, tout au plus. Les gars d'Ipswich et Toowoomba allaient-ils aussi courir les filles des faubourgs voisins ?

Un jour, il entend que des pêcheurs en pinasse ont trouvé quelque chose sur la côte : « Corps décomposé... aile... roue... train d'atterrissage... uniforme. » Sur ce bijou tricolore qu'est l'île de Houat, le vert de ses chemins, le blond du sable et l'eau lagon, la guerre vient de déposer un corps étranger.

Brisbane, Australie, quinze mois plus tôt. Lorsqu'ils poussent la porte du centre de recrutement, ce 2 mars 1941, Albert, Athole et Colin – trois des cinq membres du funeste équipage – sont encore instituteur, employé de banque et secrétaire. L'armée australienne a besoin d'aviateurs ? Les affiches des campagnes de recrutement débordent de virilité et promettent de l'aventure : c'est décidé, ils en seront ! Leur pays a suivi le Royaume-Uni dans sa déclaration de guerre à l'Allemagne, en septembre 1939, et rapidement la Royal Air Force décrète la mobilisation exceptionnelle de tout le Commonwealth pour combler un manque criant de pilotes et de membres d'équipage. L'Australie va contribuer à l'effort de guerre, et généreusement.

« Rejoignez-nous et apprenez un travail d'homme ! », « Nous irons loin ! Et vous ? », « Il y a une place pour vous dans un métier d'hommes : rejoignez la RAAF ! ». Les centres d'incorporation tournent à plein, les entretiens s'enchaînent. À Brisbane, capitale de l'État du Queensland, Colin, Athole et Albert passent d'abord un interrogatoire : âge, situation familiale, religion, origine, casier judiciaire. Albert Howard s'est marié avec la jeune Jean, le 5 septembre 1939, deux jours après le début de la guerre ; le deuxième a eu affaire à la justice pour avoir roulé à vélo sans phare ; le dernier a reçu une amende pour avoir grillé un stop.

Étape suivante : la visite médicale. Taille, poids, signes distinctifs ? Les *Queenslanders* semblent taillés dans la même pièce : cicatrices à droite et à gauche, yeux bleus, cheveux châtain foncé, stature et pointure moyennes. Rien de solide pour les identifier si un drame devait arriver. Déclarés aptes, les voilà enrôlés dans l'usine à produire à la chaîne une force aérienne mondiale en un temps record : l'*Empire Air Training Scheme* – Plan d'entraînement aérien du Commonwealth britannique – appelé plus simplement « le Plan ».

Le pays met en avant ses recrues : on les fait défiler en ville ; eux se rêvent en as de l'aviation, héros de guerre aux commandes de leur bombardier. Lorsque les premières qualifications sont acquises dans une des « écoles élémentaires de vol » créées sur le sol australien, les *trainees* prennent la mer, direction le cœur du réacteur du « Plan » : le Canada. Sur les quais de Sydney, en tenue claire, gabardine impeccablement repliée sur l'avant-bras, chapeau de feutre à la main et calot sur la tête, le sourire comme pardessus, ils embarquent en saluant à grands gestes la famille et la terre.

Ci-dessous : Base aérienne de Breighton, près de Selby, dans le Yorkshire, en Angleterre, entre février et juin 1942. Deux membres du 460e escadron de la Royal Australian Air Force devant un bombardier Wellington.

Que la parenthèse est douce lorsque l'on traverse le Pacifique à bord de l'*Aorangi*, de l'*Awatea* ou du *Mariposa* ! Ces paquebots de luxe qui proposaient encore des croisières transpacifique tout confort à la veille de la guerre, sont soudain détournés de leur destin, réquisitionnés en l'état pour le transport des troupes. Curieux décor majestueux pour un bout de chemin vers la guerre. Les grands gabarits sont mal installés dans les hamacs tendus sur le pont inférieur ? Avec un peu d'audace, ils trouveront une cabine de première classe libre restée ouverte. Qui viendrait les déloger ? Le bar à crèmes glacées fonctionne ! Il y a des radiateurs électriques dans chaque salle de bains des cabines ! On ne se lasse pas de fouler la moquette du fumoir, ni de dîner sur des nappes blanches et repassées ; on s'y croit et on s'en amuse. Lorsque le bateau fait escale à Hawaii et que le commandement est conciliant, les sorties à Honolulu sont autorisées – dernier divertissement sur la route de Vancouver.

Le voyage transatlantique ne vaut pas la croisière paillettes sur le Pacifique, mais les jeunes savent qu'ils se rapprochent de la guerre, pressés d'en découdre avec l'ennemi. Après avoir parcouru plus de la moitié du globe en cinq mois et traversé deux océans, les Australiens arrivent en août 1941 à Bournemouth – élégante station balnéaire anglaise étendue sur 11 kilomètres de plage, en bord de Manche.

Au Canada, la gifle est rude. En moins d'un mois, ils sont passés de l'été austral au froid polaire. Les futurs pilotes, mitrailleurs, transmetteurs s'entassent dans un train glacial direction Halifax, Nouvelle-Écosse. Cinq jours de voyage, assis jour et nuit, vers un autre bout du monde bordé d'eau. Pendant trois mois, c'est le retour aux dortoirs, au tableau noir, aux pupitres et carnets de notes. L'apprentissage est intense, théorique, pratique ; chacun acquiert de nouvelles qualifications nécessaires pour intégrer le Bomber Command. Le temps presse en Europe. Comme le « Plan » fait proprement les choses pour soigner le moral et l'ego des troupes, des parades de remise de diplômes sur les pistes, avec les avions en rang d'oignons derrière, célèbrent les élèves bientôt opérationnels.

Le voyage transatlantique ne vaut pas la croisière paillettes sur le Pacifique, mais les jeunes savent qu'ils se rapprochent de la guerre, pressés d'en découdre avec l'ennemi. Après avoir parcouru plus de la moitié du globe en cinq mois et traversé deux océans, les Australiens arrivent en août 1941 à Bournemouth – élégante station balnéaire anglaise étendue sur 11 kilomètres de plage, en bord de Manche. La Royal Air Force y a installé son « comptoir d'accueil » pour les membres d'équipages arrivant d'outre-mer par milliers. On accommode les jeunes aviateurs des « territoires » dans les grands hôtels en front de mer : les Canadiens au Metropole, les Australiens au Central Hotel – les deux seront bombardés par les Allemands en 1943 – le temps de les répartir sur le territoire pour finir leur formation et rejoindre leur base opérationnelle.

Pour les trois hommes du Queensland, le terminus s'appelle Breighton : une petite bourgade dans le Yorkshire, une piste en croix et quelques hangars taillés sur mesure pour abriter les bombardiers Wellington qui armeront le dernier-né des escadrons

– le 460e, composé exclusivement d'Australiens. Nous sommes en janvier 1942. Athole, l'employé de banque, Albert, l'instituteur, et Colin, le secrétaire, sont désormais sergents et, respectivement, bombardier, navigateur et mitrailleur. Ils sont rejoints par le sergent Thomas Hobgen, opérateur radio et mitrailleur, et le capitaine Albert Grand, pilote. L'équipage complet est constitué.

Le 460e escadron enchaîne les missions. De tout le Bomber Command, il détient le record du nombre de sorties pendant la guerre. Albert, Thomas, Athole, Colin et Albert se font une première frayeur, en juillet 1942 : des dégâts sur le fuselage de leur Wellington causé par la Flak allemande, pendant une mission au-dessus de Duisbourg. Un mois plus tard, la mission de nuit au large de la Bretagne leur est fatale.

Une disparition en mer, c'est un deuil par vagues successives. Un premier télégramme les signale « disparus » aux familles ; le commandement précise qu'ils ne sont « pas nécessairement morts ou blessés ». Mais, bientôt, un corps est retrouvé près de la cale de Portivy ; un port miniature de la presqu'île de Quiberon, où les bateaux semblent de petites maquettes en bois posées sur une flaque transparente. Grâce à des papiers retrouvés sur lui, Thomas Hobgen, vingt et un ans, l'opérateur radio du Wellington IV Z1422, est identifié et immédiatement enterré dans le cimetière de Quiberon. Pour quelle raison la découverte à Houat et l'inhumation du corps de « l'Australien », quasiment à la même date, n'apparaît dans aucun échange avec les familles ? Parce que l'armée de l'air australienne n'en a probablement pas eu connaissance avant... 1946.

Un mois après la catastrophe, de « portés disparus », les quatre Australiens restants deviennent « disparus présumés morts ».

Les mois suivants, les échanges écrits à la plume ou tapés à la machine sont d'une courtoisie et d'une dignité infinies entre le commandement et les proches des victimes : le frère de Lowis en est convaincu : si le corps de Hobgen a été retrouvé sur le sable de Portivy, les autres vont bientôt l'être aussi, n'est-ce pas ? La jeune épouse du sergent Howard sait que le sergent MacLeod était aussi dans l'avion, mais peut-être qu'il y avait encore d'autres camarades *Queenslanders* à bord ? Elle sait que leurs services sont très occupés, mais elle apprécierait sincèrement avoir le nom de l'équipage en entier.

La correspondance avec les cinq familles se poursuit pendant près d'un an, toujours aussi policée. La mort d'un soldat, c'est aussi dresser une liste d'affaires à récupérer dans son casier, effectuer un changement d'adresse, verser la dernière solde – une pension éventuellement –, puis fermer le dossier. Mais comment clore une boîte aux lettres, un mariage, une existence, lorsque le corps n'est pas revenu ? Lorsque la mer ne rend pas, la douleur est comme une houle désorientée, qui va et vient, ne ferme jamais et rend fou.

Les familles cherchent, puis se résignent.

Les Houatais cherchent, puis se résignent.

L'après-guerre apporte paix, soif d'enquête et devoir de mémoire : partout en Europe, on recherche les morts du Commonwealth pour leur rendre hommage dans chaque cimetière de chaque petite commune. La mission de recherche et d'enquête de la Royal Air Force débarque à Houat, avec son lot de questions ; les souvenirs sont encore frais, alors le rapport d'enquête est cru : l'état du corps, la pointure des bottes, la taille supposée selon la longueur des os, le type de tissu retrouvé. L'armée de l'air australienne reçoit les conclusions de ses homologues britanniques : « Le corps de l'île de Houat devrait être exhumé puisqu'il semble certain qu'il était l'un

des compagnons du sergent Hobgen et il se pourrait qu'il soit identifiable. Ce corps devrait être ré-enterré auprès du corps de Hobgen, à Quiberon, que nous arrivions ou non à l'identifier. »

Il ne sera finalement jamais identifié, mais bien rapproché de son coéquipier. À l'un de ces hommes de l'air qui auront tant côtoyé la mer durant leur courte vie, une dernière traversée *post mortem* est donc accordée. Le port Saint-Gildas de Houat, les Beniguets qui s'éloignent, le phare de la Teignouse au loin, la pointe du Conguel qui se rapproche, le trait blond de la Grande Plage qui s'épaissit, le port, puis la dernière demeure, auprès de cinq autres aviateurs du Commonwealth. Sous la pierre de Quiberon, rien n'est certain, tout est probable. En 1948, dans un ultime rapport, face aux quatre noms des disparus, il est écrit : « Perdus en mer. Affaire classée. »

« *Per ardua ad astra* », dit la devise de l'aviation australienne – « À travers l'adversité, jusqu'aux étoiles » ; « *Known Unto God* » – « Connu de Dieu seul » – porte comme inscription la pierre tombale sous laquelle repose « l'Australien ». Tombé du ciel, confié au ciel et, partout autour de lui, l'océan. – FL

Ci-dessous : Île de Houat, Morbihan.

Aventure

LA ROUTE VERS L'INCONNU EST TOUJOURS BIENVENUE...

Texte de **Patrice Franceschi**

En 2004, le trois-mâts *La Boudeuse* a remonté l'Amazone à la rencontre des peuples de l'eau. Entre bancs de sable et forêt équatoriale, une navigation hallucinante qui louvoie entre de multiples dangers. Son capitaine, Patrice Franceschi, vient de retrouver son journal de bord oublié dans son sac de marin.

Le vent se faisant favorable, j'envoie les gabiers dans les vergues à desserrer misaine et huniers, et bientôt nos voiles se déploient dans un ciel bourgeonnant de cumulus. Nous naviguons ainsi jusqu'au second drame de cette journée.

24 septembre 2004 – A bord du trois-mâts *La Boudeuse*, ville de Belém, embouchure de l'Amazone, Brésil.

À 10 h 45, nous appareillons pour la remontée du plus puissant fleuve du monde. Objectif : atteindre la Colombie au pied de la cordillère des Andes – là où des rapides interdisent tout passage –, puis continuer en pirogue avec une partie de l'équipage pour gagner le territoire des Indiens Yuhups où doit se dérouler la première expédition de ce tour du monde de *La Boudeuse* consacré aux « peuples de l'eau ».

Aucun grand voilier traditionnel ne s'est jamais risqué dans une telle traversée du continent sud-américain par voie fluviale ; 2 000 kilomètres nous attendent d'abord pour rejoindre la confluence du Japurá ; l'un des affluents de la rive gauche de l'Amazone, surnommé le « fleuve des surprises » tant le niveau de ses eaux peut varier avec violence – sans parler des nombreux hauts-fonds et bancs de sable erratiques qui le parsèment comme autant de pièges. Il n'en existe aucune carte fiable mais seul le Japurá peut nous conduire à la frontière colombienne, éloignée d'un bon millier de kilomètres supplémentaires. Entre les deux, nous ravitaillerons dans la mythique cité de Manaus, héritière de l'épopée du caoutchouc.

Compte tenu des embûches à prévoir, je compte quatre semaines de navigation. À notre échelle, ce sera une expédition à la Fitzcarraldo. Mais l'équipage ne demande que cela : vivre une aventure hors norme.

Nous n'allons pas être déçus... Dès le premier jour, nous sommes pris dans le labyrinthe des chenaux qui contournent l'immense île de Marajó, plantée à l'embouchure de l'Amazone. Nous naviguons dans un dédale de rivières si étroites et sinueuses qu'en serrant trop leurs bords nous manquons d'emmêler nos vergues aux branches des arbres dont les ramures dépassent la hauteur de nos mâts. Les timoniers ont fort à faire pour parer les dangers et se maintenir entre les deux rangées d'immeubles végétaux qui bordent le boulevard liquide labouré par notre étrave. Sur cette eau plate et limoneuse, le reflet des deux têtes de dragons peintes de part et d'autre de la proue prend une dimension presque inquiétante, ajoutant au mystère de cette jungle qui nous enveloppe de toute part.

Courses poursuites avec les « tapouilles »

Par mesure de sécurité, une vigie demeure en permanence dans le mât de hune, 30 mètres au-dessus du pont, alertant les hommes de quart dès que surgit un banc de sable ou l'une de ces innombrables billes de bois que charrie le fleuve. Autour de nous, la forêt équatoriale n'est que bruits de feuillages, reptations inquiétantes, cris d'oiseaux multicolores, chamailleries de singes. Dans ce fouillis qui exhale une odeur d'humus entêtante au charme vénéneux, on devine toute la cruauté du monde : ces meurtres innombrables entre insectes, ces batailles opposant jaguars et tapirs, cette lutte incessante entre carnivores implacables et malheureux herbivores aux destins tout tracés. Mais le camaïeu des verts de cette jungle qui plonge dans l'ocre des eaux de l'Amazone offre, en contrepartie, toute la beauté du monde lorsqu'il touche au bleu argenté du ciel qui, dès la venue des ténèbres, se trouve saupoudré d'étoiles glacées.

Au fur et à mesure de notre progression, la combinaison de la chaleur et de l'humidité devient proprement inhumaine. Le jour, nos corps suintent d'une transpiration qui semble inépuisable et, la nuit, quelques minutes suffisent à tremper les draps des couchettes. Tout devient moite et visqueux. Des orages impressionnants s'abattent aussi sur nous avec une régularité de métronome. Ces masses d'eau crépitent comme des mitrailleuses sur le pont, flagellent timoniers et vigies et finissent par les glacer dans leurs cirés.

Dans ces premiers jours, nous croisons des « *lanchas* » et des « tapouilles » peinturlurées, bondées de marchandises et de passagers. Certains de ces braves bateaux prennent plaisir à engager des courses-poursuites avec nous, leurs équipages multicolores hurlant de joie. Mais il ne faut jamais se laisser distraire. Par un matin funeste, deux drames consécutifs manquent mettre fin à l'aventure. Tout commence par notre premier échouage sur un banc de sable, cet ennemi redoutable et généralement invisible du fait de sa couleur de limon. Notre vigie n'a rien vu venir et l'avant bâbord de *La Boudeuse* se fiche violemment dans l'un d'eux, alors que tout semble paisible alentour.

Aussitôt, l'alerte générale est donnée et nos canots mis à l'eau pour pousser à l'étrave de toutes nos forces tandis que nous manœuvrons avant/arrière à la machine autant qu'il est possible. Sans résultat. Nous sommes trop enfoncés dans le sable. Comment dégager de ce piège un navire de 250 tonnes et de plus de 40 mètres de long ?

Le sinistre *surucucu*

Le désespoir nous gagne lorsque, soudain, sans raison apparente, *La Boudeuse* se met à bouger sous nos pieds. Nous réalisons alors que la marée est en train de monter… Nous avions oublié qu'elle se fait sentir si loin à l'intérieur des terres qu'avec un peu de chance elle pourrait nous sauver. Tout va dépendre de son amplitude. Nous attendons avec angoisse. Mais le miracle finit par s'accomplir. Lentement, très lentement, nous sommes remis à flot. Quelques heures plus tard, nous voilà dégagés. L'équipage hurle sa joie. Cette affaire vaut cependant avertissement. Sur le Japurá, il n'y aura pas de marée providentielle et personne ne viendra nous secourir.

Le vent se faisant favorable, j'envoie les gabiers dans les vergues à desserrer misaine et huniers, et bientôt nos voiles se déploient dans un ciel bourgeonnant de cumulus. Nous naviguons ainsi jusqu'au second drame de cette journée. Celui-là fond sur nous peu avant la tombée de la nuit lorsqu'un appel radio de l'un de nos canots de reconnaissance jette un nouveau désarroi parmi nous : Hedwig Marzolf, la jeune et blonde philosophe qui fait partie de cette équipe vient

En ouverture :
La Boudeuse traverse la ligne de partage des eaux de l'Amazone et du rio Negro qui, toujours, refusent de se mélanger…

Ci-dessous :
Course poursuite entre *La Boudeuse* et une « tapouille » brésilienne, quelque part sur l'Amazone.

d'être mordue au pied droit par un serpent d'eau – le sinistre *surucucu*.

Le sauvetage d'Hedwig restera l'un des moments les plus éprouvants de cette aventure – et l'exemple même de ce que peut accomplir un équipage entraîné, fait d'hommes et de femmes de sang-froid, tous solidaires.

Sans perdre une seconde, Hedwig est ramenée sur le navire, hissée à la coupée, et Pierre Chesneau, notre médecin, la prend en charge pour retarder la montée du venin vers le cœur. Dans le même temps, je fais mettre à couple notre Zodiac le plus rapide, confie le navire à mon second, Patrick Féron, et embarque dans le Zodiac avec trois hommes, direction le hameau de Monte Alegre, où, selon les renseignements de nos cartes, se trouverait un dispensaire.

Ces trois heures dans la nuit vont me sembler une éternité. Je me concentre sur la navigation. Les îles et les bras d'eau sont si nombreux qu'il y a largement de quoi se perdre dans l'immensité de l'Amazone.

Nous décollons des flancs de *La Boudeuse* dans une gerbe d'écume, traçant aussitôt un sillon argenté dans l'ocre du fleuve. La nuit s'apprête à tomber et trois bonnes heures de course sont à prévoir dans l'obscurité. Allongée au centre du canot, Hedwig fait preuve d'un courage saisissant : pas une plainte, pas un murmure. Mais il faut faire au plus vite pour lui administrer le sérum antivenimeux adéquat.

Ces trois heures dans la nuit vont me sembler une éternité. Je me concentre sur la navigation. Les îles et les bras d'eau sont si nombreux qu'il y a largement de quoi se perdre dans l'immensité de l'Amazone. Penché sur la carte, lampe à la main, aidé par Dominique Martial, le cinéaste du bord, je cherche les meilleurs raccourcis, relayant à la barre du moteur le matelot Denis Fabre – une course folle dans les ténèbres.

Il est près de 21 heures quand, derrière un dédale de chenaux, apparaissent enfin les premières lueurs de Monte Alegre. Encore quelques efforts et nous atterrissons sur un semblant de quai. Dans l'instant, nous jetons l'émoi au cœur de ces parages perdus : des inconnus se précipitent et nous aident à transporter Hedwig au petit dispensaire du village, où officie un médecin équipé de tout le nécessaire. Ici, les morsures de serpents sont fréquentes. On sait quoi faire. Hedwig se trouve bientôt installée dans une petite chambre et des infirmières dévouées lui administrent sérums, antalgiques et autres flacons de glucose. Ne reste qu'à attendre ; avec une boule d'angoisse au ventre.

Longtemps après, *La Boudeuse* jette l'ancre devant Monte Alegre.

Deux jours plus tard, Hedwig est déclarée sauvée. Son retour à bord donne lieu à une fête mémorable en son honneur. Sa bravoure fait l'unanimité dans l'équipage et nous buvons jusqu'à plus soif sous les étoiles. Pour autant, la plaie au pied de notre camarade, impressionnante, se nécrosera un bon mois durant.

La danse des dauphins

Le lendemain, nous reprenons notre route, louvoyant entre de nouveaux dangers : des filets de pêcheurs éparpillés sous la surface de l'eau sans que rien ne les signale. Il serait mortel pour notre hélice de se prendre dans l'un d'eux et notre vigilance s'accroît par nécessité. Pas une seconde nous ne cessons d'être aux aguets.

Nous progressons ainsi de jour en jour, inlassablement. Dans les petits villages accrochés aux rives, on nous regarde passer, presque à portée de main, avec la plus grande stupéfaction ou la plus parfaite indifférence – c'est selon. La nuit, nous mouillons notre ancre là où le hasard nous a portés. Alors, il n'est pas rare que des flambées d'éclairs couvrent l'horizon, nous renvoyant à notre petitesse devant les forces déchaînées de la nature. À d'autres moments, cette nature se fait moins roide lorsque des dauphins d'eau douce dansent des ballets étourdissants autour de nous.

Depuis Belém, j'ai pris les quarts de 4 heures et 16 heures. À chaque aube – moment d'infini bonheur –, je vois donc le soleil se lever sur l'Amazone, surgissant dans une brume de chaleur d'une infinie légèreté et, le soir, je le regarde disparaître, se diffractant parfois en halo de fin du monde à l'intérieur d'immenses cumulonimbus. Pour cette raison ou une autre, j'ai maintenant le sentiment étrange que la remontée d'un fleuve s'apparente à une forme inédite d'élévation mystique. Allons-nous aux sources de nous-mêmes ? Aux sources d'un mystère qui reste à déchiffrer ? Je me dis alors : et si remonter un fleuve n'était rien d'autre que se porter vers les rivages énigmatiques de l'existence afin de se rencontrer soi-même ? Pour rien au monde je ne voudrais être ailleurs...

Les lumières de Manaus apparaissent à l'aube du 3 octobre, juste après qu'un grain apocalyptique nous a écrasés de cataractes d'eau gluante dans des éclairs éblouissants et un fracas de tonnerre à en perdre l'ouïe. Lorsque nous passons avec précaution la confluence du célèbre río Negro, nous restons pétris de stupéfaction par le spectacle qu'offrent les eaux des deux fleuves géants qui, sur une longue ligne de partage, refusent de se mélanger : ocre d'un côté, noires de l'autre.

Après quelques jours consacrés au ravitaillement du navire, nous repartons pour embouquer enfin le Japurá. Fidèle à sa réputation, le « fleuve des surprises » nous accueille par quelque chose d'inattendu : à peine y sommes-nous engagés qu'un nombre inconcevable d'insectes de toutes sortes s'abat sur *La Boudeuse* en essaims compacts. En moins d'une minute, des millions – ou milliards ? –

À partir du 15 octobre, nous appelons la pluie de tous nos vœux. Le pont brûle sous les pieds, la chaleur est étourdissante et aucun souffle de vent ne vient nous soulager. Depuis que nous sommes entrés sur le Japurá, tout semble plus dur et périlleux : le climat, le fleuve, la jungle...

de mouches, pucerons, moustiques, termites ailés et autres moucherons s'insinuent partout dans le navire et jusqu'à l'intérieur de nos vêtements, piquant et mordant – une forme d'Enfer sur Terre. Nous luttons comme nous pouvons contre ce fléau, craignant le pire, mais tous ces insectes disparaissent le lendemain avec une désinvolture égale à celle qui les avait amenés chez nous. Jamais nous ne saurons pourquoi. L'Amazone, à l'image de la vie, est bien une suite ininterrompue de points d'interrogation...

À partir du 15 octobre, nous appelons la pluie de tous nos vœux. Le pont brûle sous les pieds, la chaleur est étourdissante et aucun souffle de vent ne vient nous soulager. Depuis que nous sommes entrés sur le Japurá, tout semble plus dur et périlleux : le climat, le fleuve, la jungle elle-même qui défile parfois si près de nos flancs que nous pouvons presque la toucher de nos bras tendus. Certains passages entre des chapelets d'îles sont si étroits que nous devons nous glisser littéralement dedans, comme un fil dans le chas d'une aiguille. Une simple erreur de barre, un ordre mal interprété, une faute de jugement, et tout s'arrêterait contre les remparts hostiles de la forêt vierge – et désormais, il n'y a plus la moindre âme qui vive nulle part pour nous porter secours, en cas de malheur ; l'impression d'être vraiment seuls au monde.

Quand la souille fait ventouse

De fait, notre route vers l'autre extrémité du continent sud-américain se révèle de plus en plus hasardeuse. Les obstacles ne cessent de s'accumuler : troncs d'arbres à la dérive heurtant violemment la coque, hauts-fonds de plus en plus nombreux, apparition de falaises bordées de roches menaçantes, et bancs de sable de moins en moins discernables, nous obligeant à d'épuisantes esquives.

Le 19 octobre à 7 h 45, alors que nous sommes à portée de la Colombie et de ses rapides, nous frôlons la catastrophe par deux fois. La première en manquant nous échouer sur l'un de ces hauts-fonds diaboliques : celui-là se présente brusquement devant nous, juste à fleur d'eau, sans la moindre pente pour prévenir. Il n'est plus distant que de quelques mètres lorsque la vigie l'aperçoit. Elle hurle : « Haut-fond droit devant ! » jetant l'émoi qu'on imagine d'un bout à l'autre du navire. À la dunette, nous battons « arrière toute » en catastrophe. La manœuvre nous sauve de justesse. Notre étrave frôle le haut-fond dans des éboulis de sable, semble hésiter, mais finit par dévier sur la droite. Il était moins une...

Nous n'avons guère le temps de souffler. Quinze minutes plus tard, nous heurtons par l'avant bâbord un autre banc de sable invisible. Ce coup-ci, nous restons bloqués. Notre impassible bosco grommelle pour la première fois : « On va finir par y rester, les gars... » Mais tout le monde est déjà à l'ouvrage, débordant les canots des bossoirs et manœuvrant le moteur dans des avant/arrière d'anthologie – car, si nous attendons trop, la coque creusera une souille sous elle et quand celle-ci fera ventouse, il n'y aura plus rien à espérer.

Un dieu pour les marins d'eau douce que nous sommes devenus doit exister quelque part car, à force d'efforts, toute la coque finit par vibrer et pencher sur tribord. Puis, elle se redresse, s'ébranle, et nous parvenons à nous dégager de cet ultime piège. Mille hourras fusent à bord. Désormais, la victoire est à portée de main. Nous n'avons plus que quelques méandres à parcourir.

À 13 h 30, ce 19 octobre 2004, apparaît enfin le poste frontière de Vila Bittencourt, bourgade perdue du bout du monde. Derrière elle se trouvent les rapides colombiens interdisant tout passage ; notre but est atteint. Partagé entre fatigue et bonheur, je me dis une nouvelle fois que ce que l'on retire d'une aventure est à l'exacte mesure de ce que l'on a bien voulu y mettre.

Cependant, nous avons d'autres projets que le repos. La vie est trop brève. Dès le lendemain, nous préparons avec une joie renouvelée l'expédition qui nous mènera chez les mystérieux Indiens Yuhups.

Mais ceci est une autre histoire. – **PF**

Double page précédente : Mangrove et forêt sur le fleuve.

Ci-contre : « Des semaines durant, toute la beauté de l'Amazone et de ses espaces encore vierges. »

Reportage

L'ODYSSÉE D'ODESSA : LE PORT DES ILLUSIONS

Texte de **Adrien Jaulmes**

Avant-guerre, parfum de mystère. Au printemps 2014, Adrien Jaulmes débarquait dans la ville de Pouchkine, Gogol et Isaac Babel, ce port de la mer Noire où fut tourné *Le Cuirassé Potemkine*.

Le grand escalier d'Odessa est presque désert. Au pied des marches, la mer Noire est grise. Les grues du port sont immobiles. Aucun ferry en provenance d'Istanbul ou de Batoumi devant le terminal maritime. Sur un parapet, quatre hommes vêtus de la veste de cuir à la mode dans toute l'ancienne URSS prennent le soleil en mangeant des graines de tournesol. En haut des escaliers, un photographe de rue attend en vain les touristes. Un portrait coûte 30 hryvnias, c'est-à-dire presque rien. On peut choisir comme arrière-plan différentes vues de la ville : le port de commerce, avec ses bâtiments de béton d'un beau style brejnévien ; la statue vert-de-gris du duc de Richelieu ou bien la façade baroque italienne de l'Opéra.

Je suis arrivé à Odessa par un train de nuit presque vide. Après le paysage monotone de l'Ukraine qui défile par les vitres de la couchette, la grande ville au bord de la mer Noire surgit comme un film récemment colorisé. La grisaille postsoviétique a soudain disparu. Avec ses avenues bordées d'arbres, les immeubles aux façades néoclassiques jaunes ou ocre, les magasins modernes et les tramways fraîchement repeints, Odessa donne l'impression d'appartenir à un autre pays.

Mais l'atmosphère est lourde en ce printemps 2014. L'Ukraine se déchire sur la question de son identité. L'ancienne République soviétique est-elle liée pour toujours à la Russie, ou bien un pays indépendant libre de choisir son destin ? L'Ukraine peut-elle s'affranchir de la tutelle de Moscou tout en respectant sa minorité russophone et sa culture ? L'histoire s'est remise en marche sur cette frontière mouvante, tantôt pont entre la Russie et l'Europe, tantôt ligne de front. Quelques semaines plus tôt, le président prorusse a été chassé par la révolution de Maïdan, après des manifestations en forme de bataille rangée au centre de Kiev. La Russie a riposté en annexant la Crimée, péninsule rocheuse et stratégique qui s'enfonce comme un coin dans la mer Noire. Dans le Donbass, à l'est de l'Ukraine, un soulèvement fortement inspiré et soutenu par Moscou refuse l'autorité du nouveau gouvernement de Kiev.

Soudain, Odessa est devenue un enjeu. Si elle bascule en faveur de la Russie, l'Ukraine perd le contrôle de la troisième ville du pays, mais aussi son plus grand port et son dernier accès à la mer Noire.

L'affrontement est plus profond, plus âpre qu'une simple question politique. C'est une lutte entre deux identités, deux cultures – la russe et l'ukrainienne. Pour un étranger, le conflit se révèle presque aussi incongru que la guerre entre les Gros-Boutiens et les Petits-Boutiens de Gulliver. Pour les Ukrainiens, il est existentiel. Les vieilles haines et les vieilles peurs ressurgissent. On se déchire en famille, on cesse de se parler entre amis.

Odessa hésite ce printemps-là à choisir un camp contre l'autre. Les rues de la ville sont comme un palimpseste, où se mêlent son passé impérial russe, la période soviétique et celle de l'Ukraine indépendante. Elles racontent une ville à l'histoire singulière. Fondée par des Russes, administrée par des Français, construite par des Italiens, peuplée par des Juifs et des Grecs, des Ukrainiens et des Allemands, Odessa est une mosaïque d'identités.

Le port des illusions

Odessa est posée en haut d'une pente qui surplombe la mer Noire. L'escalier Potemkine n'a pas été baptisé en l'honneur du ministre amant de la tsarine Catherine II, ni du bâtiment de guerre mutiné dans la rade en 1905. Son nom et sa célébrité mondiale viennent d'une œuvre de fiction : le film de Sergeï Eisenstein, *Le Cuirassé Potemkine,* tourné en 1925 à Odessa. La fameuse scène de la fusillade dans les escaliers, la foule fauchée par les tirs des cosaques et le landau qui dévale les marches ont été largement inventés par le cinéaste. Mais c'est un bel hommage au prince borgne. Potemkine avait conquis sur les Ottomans ce rivage de la mer Noire pour l'offrir à sa souveraine et maîtresse. Lui aussi était un maître des illusions : lorsque l'impératrice vint visiter sa nouvelle province en descendant le fleuve, dans un riche cortège de bateaux, ce précurseur de nos communicants et propagandistes modernes fit construire de faux villages sur les berges du Dniepr.

On appelle alors la province, la « Nouvelle Russie ». C'est à l'époque un monde presque aussi nouveau que l'Amérique du Nord, à plusde quarante jours de voyage de Moscou.

Potemkine n'a jamais connu Odessa : la ville n'a été fondée qu'en 1794, trois ans après sa mort. Elle s'élève au point de jonction entre deux mondes, ou plutôt entre deux mers. La mer Noire, d'un côté, et la steppe ukrainienne, de l'autre – à l'époque, une mer d'herbe presque infinie, parcourue par les Cosaques zaporogues et les Tatars de la Horde d'Or. La nouvelle ville a plus de réalité que les villages factices du prince ; mais elle reste une création sur un rêve. Elle est le port jamais pris par les glaces, l'accès aux mers chaudes que cherchent à conquérir, coûte que coûte, les dirigeants russes depuis Pierre Ier le Grand – enfin atteint.

Du haut des escaliers, la mer Noire a repris des couleurs. Cette mer toxique, pleine de sulfure d'hydrogène, où rien ne vit en dessous de 200 mètres de profondeur, n'a pas le bleu profond de la Méditerranée. Mais elle donne à Odessa son statut de ville des confins, qui n'appartient jamais en plein à une seule identité.

À l'époque, l'aristocratie russe est plus cultivée que les oligarques de Poutine. La mer Noire évoque pour elle le Pont-Euxin d'Hérodote et de Xénophon. On donne aux villes fondées sur ce nouveau rivage des noms inspirés de la Grèce antique. La Crimée devient la Tauride, comme dans la pièce d'Euripide. Sébastopol et Kherson sont la « ville auguste » et la « ville d'or ». Odessa est baptisée d'après Odessos, ancienne colonie grecque. Devenue le principal port commercial sur la mer Noire, elle est à Sébastopol – la base navale russe de Crimée –, ce que Marseille est à Toulon, ou Nantes à Brest.

Elle ouvre à la Russie une porte sur un monde nouveau. La mer assure la prospérité d'Odessa. Les riches terres noires de l'Ukraine produisent du blé ; Odessa l'exporte dans toute l'Europe. Elle attire des migrants depuis tous les coins de l'empire russe. La ville se développe à la vitesse de New York ou de Chicago. Odessa donne envie d'aimer les empires. Une fois passée la brutalité de la conquête, ils créent souvent une culture commune entre des peuples disparates, et leur disparition s'accompagne presque toujours d'une certaine nostalgie.

Une ville impériale

En haut de l'escalier Potemkine, la statue du duc de Richelieu en toge romaine occupe la place d'honneur. Le duc a aussi sa rue, au nom mélodieux de Richelievskaya, et son lycée. Le premier gouverneur d'Odessa est le parfait représentant d'un monde d'avant les nationalismes. Armand-Emmanuel-Sophie-Septimanie de Vignerot du Plessis, duc de Richelieu et arrière-petit-neveu du cardinal ministre des *Trois Mousquetaires*, incarne ce que l'Ancien Régime produisait de plus civilisé. Administrateur avisé, intellectuel visionnaire, soldat courageux, polyglotte et cultivé, ami du prince de Ligne, il arrive en Russie après la Révolution française. Émigré guère à l'aise dans l'armée de Condé, Richelieu entre au service de la tsarine, comme John Paul Jones, l'amiral américain, ou José de Ribas, le gentilhomme napolitain d'origine espagnole qui conquiert pour le compte de la Russie le site d'Odessa. Richelieu se passionne pour sa ville. Il dessine le plan des rues, trace les boulevards et donne à Odessa sa physionomie, mi-russe, mi-européenne.

Pouchkine et Poutine

Dans une belle demeure patricienne du XIXe siècle, le merveilleux Musée littéraire d'Odessa rappelle comment la ville est devenue la troisième capitale littéraire russe, avec Moscou et Saint-Pétersbourg.

Page d'ouverture
Opéra d'Odessa ;
en surplomb, la zone portuaire sur la mer Noire.

Ci-dessous :
En 1900, Odessa, grand escalier Potemkine, en haut, la statue du duc de Richelieu.

Le génial et turbulent Alexandre Pouchkine est bien sûr le héros local. Exilé par le tsar Alexandre Ier, qui avait quand même la main plus légère que Poutine avec les intellectuels libéraux, Pouchkine écrit à Odessa une partie d'Eugène Onéguine, tout en séduisant les plus belles femmes de la ville sous le nez de leurs maris. Toujours prêt à se mettre dans la situation la plus périlleuse, il devient même l'amant de la femme du gouverneur d'Odessa – la belle comtesse Vorontsova – qu'il dessine dans les marges de son manuscrit.

Dans la rue Gogol, la maison de l'écrivain est décorée par une plaque rappelant que c'est dans ces lieux qu'il écrivit une partie des *Âmes mortes*. Mais la bâtisse est à l'abandon, les fenêtres bloquées par des planches. Gogol, écrivain de langue russe né en Ukraine, souligne l'inanité du nationalisme appliqué à la littérature.

Mais le véritable natif d'Odessa est Isaac Babel. Le quartier de Moldavanka – où vit Bénia Krik, le bandit, héros des *Contes d'Odessa* – n'est plus celui de l'époque où il était le centre de l'une des plus grandes villes juives de Russie. L'Holocauste, perpétré par les Roumains et les Allemands pendant la Seconde Guerre mondiale, et l'émigration, vers Tel Aviv ou Brooklyn, ont réduit considérablement la communauté juive d'Odessa. Sur Richelievskaya, en face de l'appartement où habitait le pauvre Babel, sa statue est assise par terre, face à une curieuse roue supposée représenter le destin. Le sien n'a pas été très heureux. L'écrivain est mort assassiné, comme tant d'autres, sur ordre de Staline, d'un coup de pistolet dans la nuque au fond d'un cachot de la Loubianka. Pendant plus de quarante ans, personne n'a jamais su ce qu'il était devenu, jusqu'à l'ouverture des archives du KGB, à la fin des années 1980 – refermées depuis par Poutine.

Ci-dessus :
Devant l'Opéra, voitures de l'ère soviétique louées à l'occasion de mariages.

Des Français à Odessa

On voit sur des photos d'époque Babel et Eisenstein discutant ensemble de l'adaptation au cinéma de *Cavalerie rouge* – autre grand film jamais tourné. Babel avait aussi déjà senti que la fortune de la ville était derrière elle. « Odessa avait su ce qu'était être florissante. Elle sait maintenant ce que signifie se faner – un déclin poétique, un peu léger et complètement impuissant. » Après l'essor et la prospérité du XIXe siècle, le XXe siècle est pour Odessa celui des tragédies. La fusillade de 1905 dans l'escalier a été inventée par Eisenstein, mais pas la répression. La révolution de 1917 débouche, quant à elle, sur une première occupation allemande, une première guerre civile et une première indépendance de l'Ukraine. Troupes impériales allemandes, anarchistes, Russes blancs, nationalistes ukrainiens, et Bolcheviques se livrent une lutte acharnée. Les grandes tragédies nourrissent souvent la grande littérature. La période inspire *La Garde blanche* à Mikhaïl Boulgakov et *Cavalerie rouge* à Babel.

Devenue un champ de bataille, Odessa voit même intervenir brièvement la France. Le corps expéditionnaire français du général Berthelot, qui débarque à Odessa, Kherson et Sébastopol en 1919 avec chars et artillerie pour s'opposer aux Bolcheviques, saisit vite la complexité du conflit. Alliés avec des nationalistes ukrainiens et des Russes blancs qui s'opposent déjà entre eux sur la question de l'Ukraine, leur flotte mutinée sous l'influence des Bolcheviques, les Français quittent Odessa au bout de quelques mois.

La période soviétique n'a fait que mettre temporairement fin aux velléités d'indépendance de l'Ukraine. Quand elle s'effondre en 1991, l'ancienne République soviétique d'Ukraine vote immédiatement à plus de 90 % pour son indépendance.

Mais le nouveau pays se dispute déjà sur son passé. Quand le conseil municipal d'Odessa décide de remettre la statue de Catherine II à son emplacement, au lieu de la faucille et du marteau bolcheviques, les nationalistes ukrainiens s'opposent au retour de l'impératrice russe. Et l'inauguration doit être protégée par un cordon de policiers.

Les prorusses de la place Kulikovo

Pendant les vingt premières années de l'indépendance, Odessa retrouve ses couleurs, hésitant toujours entre son passé russe et son avenir ukrainien. Mais les guerres civiles ne laissent pas de place à l'ambiguïté : l'équilibre s'est rompu le 2 mai 2014. Le club de football local, Chornomorets, rencontre ce jour-là l'équipe du Metalist de Kharkiv dans une ambiance chargée. Parmi les supporteurs qui défilent dans le centre-ville, des hooligans et des militants nationalistes ukrainiens sont armés pour le combat de rue, avec des battes et des boucliers – et quelques armes à feu. Ils se heurtent aux manifestants prorusses qui campent sur la place Kulikovo, du nom de la grande victoire du prince russe Dimitri Donskoï sur les Tatars de la Horde d'Or. Devant la cathédrale de la Transfiguration, s'échangent coups de bâtons et jets de pavés. La police est débordée et les affrontements continuent dans l'avenue des Grecs, sous une grêle de projectiles. Puis des coups de feu éclatent, faisant plusieurs morts, des dizaines de blessés. Inférieurs en nombre, les prorusses se retranchent dans la Maison des syndicats, l'ancien siège du Parti communiste – immense palais de béton aux murs épais. Des cocktails Molotov y mettent le feu ; quand l'incendie se propage dans les étages, 42 personnes périssent, prises au piège des flammes.

Devant la façade calcinée de l'immeuble, les gerbes de fleurs et les bougies ressemblent à l'enterrement d'une ville depuis longtemps disparue ; celle d'une Odessa où cohabitaient des identités variées, et qui n'a sans doute jamais été qu'une illusion. Mais, même si le multiculturalisme n'est rarement plus qu'une juxtaposition de communautés, le nationalisme devient lui aussi vite lassant.

Une autre Odessa imaginaire continuera pourtant d'exister : celle d'Eisenstein et de Babel dînant à l'hôtel Londres, des amours clandestines de Pouchkine et Elizaveta Vorontsova, des gangsters juifs de Moldavanka. Cette capitale romanesque et littéraire a vu son charme survivre aux révolutions et aux répressions, aux massacres et aux destructions, et même au siècle de TripAdvisor et de Airbnb.

Du haut des escaliers, la mer Noire a repris des couleurs. Cette mer toxique, pleine de sulfure d'hydrogène, où rien ne vit en dessous de 200 mètres de profondeur, n'a pas le bleu profond de la Méditerranée. Mais elle donne à Odessa son statut de ville des confins, qui n'appartient jamais en plein à une seule identité. Ville du nord pour les Grecs et les Levantins, ville d'Asie pour les Européens, ville du Sud et du soleil, Odessa reste une porte vers l'ailleurs. – **AJ**

Odessa, les jours bleus

Serge Poliakov

« Sur la pointe des pieds », *Latitude Mer* a pris attache avec Serge Poliakov, au printemps.

Est-il décent de parler de photographie et de l'Odessa d'hier, quand l'Ukraine vit aujourd'hui sous les bombes ?

Je dois dire qu'il est difficile d'envisager une réflexion sur des images d'Odessa qui « sentent bon » la paix, comme c'est le cas des photographies de ce portfolio. Dans une situation de guerre, les données changent. J'ai besoin de temps, d'espace pour réaliser et pouvoir en parler. >>>

En ouverture :
Arrêt de bus
devant la mer Noire,
Odessa, début 2022.

Ci-contre :
Rue du soir.

À droite :
Cadet de la Marine.

Je suis né à Odessa, en 1974. Si je me souviens bien, c'est au début des années 2000 que j'ai commencé la photographie, la considérant comme un art, ou plutôt le moyen d'une expression propre. Odessa est une très belle ville, construite en bord de mer, dans un style architectural européen. Son atmosphère est particulière et son caractère bien trempé, tous deux liés à l'histoire. Des personnalités mondialement célèbres y sont nées ou s'y sont croisées ; de nombreux mouvements artistiques y ont vu le jour. La ville est sans nul doute photogénique mais, pendant longtemps, j'ai préféré l'éviter, attiré par la campagne ou d'autres villes. L'inspiration vient difficilement dans les lieux qui baignent notre quotidien depuis notre naissance.
Il faut une dose de surprise pour déclencher et se décider à engager un travail photographique. Souvent, je préfère les marchés, les plages ; des scènes plus imprévisibles et variées. La mer est un deuxième plan parfait, une toile de fond sur laquelle vous posez vos sujets, et créez une image. Les habitants d'Odessa sont également particuliers : nombreux sont ceux dont la biographie est liée à la cité par son histoire complexe. Et, malgré les difficultés de la vie, beaucoup sont enthousiastes, aventureux, avec un côté « artiste ».
Ma photographie est plutôt intuitive et, généralement, je ne travaille pas sur des séries ou des sujets préconçus. Je m'attache aux lieux qui provoquent en moi des sensations, des sentiments. C'est entre l'esthétique et l'attraction psychologique. Le propos de mes images est, d'une part, la captation du bon moment au bon endroit, mais aussi de trouver une cohérence dans des sujets variés, liés aux existences des gens qui apparaissent dans mes cadrages. Cela ressemble à l'écriture d'une partition inspirée par la musicalité, l'environnement sonore d'une ville ; ou à la création d'un film avec un seul cadrage pris de manière unique, puis multiplié.
Une fois assemblées, les images deviennent une série cohérente ; comme celle que je présente ici, dédiée à Odessa.

Ci-dessus : Bords de la mer Noire. Soldats en permission.

À droite : en haut, heure de fermeture du marché, près d'une église. En bas, dernière photo d'Odessa prise en temps de paix.

Double-page suivante : Sous-marin d'exposition au mémorial de la Seconde Guerre mondiale d'Odessa.

M-305

UN BATEAU GRIS EN MER NOIRE

Texte du **CV Paul Merveilleux du Vignaux**

La frégate furtive multi-missions *Auvergne* est l'un des derniers bâtiments de surface de la Marine nationale à avoir navigué en mer Noire avant l'invasion de l'Ukraine par la Russie. En exclusivité, le journal de bord de son commandant.

13 décembre

L'*Auvergne* passe un dernier pont, immense, majestueux, dont les illuminations rouges et blanches se reflètent dans les eaux calmes du détroit. Une petite brise se lève, le pilote demande à débarquer. De taille modeste, la soixantaine, c'est visiblement un type qui connaît son affaire. À peine une heure et demie depuis Sainte-Sophie et ses coupoles qui dominent l'entrée du Bosphore : nous n'avons pas trainé. Dans une nuit sombre éclairée des seules lumières de la ville, poussé par ses moteurs électriques, le bateau file en silence un bon 15 nœuds, à quelques encablures des berges animées. Tout juste faut-il ralentir un peu l'allure lorsque nous croisons un gros pétrolier, dont la silhouette apparaît tardivement derrière un virage. Splendeur absolue du détroit ! Avec les chenaux de Patagonie, c'est la plus belle navigation que je n'ai jamais faite.

Ce matin, avant de franchir les Dardanelles, l'équipage s'est rassemblé sur la plateforme hélicoptère, en tenue de cérémonie, pour le traditionnel hommage aux marins du *Bouvet*, coulé par une mine turque, le 18 mars 1915 : 648 disparus en deux minutes, qui reposent ici, dans cette mer froide et grise, à des milliers de kilomètres de leur terre natale. C'est la caractéristique du combat naval : brutal et rapide, il le serait aussi demain si nous devions de nouveau affronter la « haute intensité ». Serons-nous jamais prêts ? Bien sûr, l'entraînement est toujours plus élaboré et exigeant. L'*Auvergne* vient d'ailleurs de participer à « Polaris », avec tout ce que la Marine a pu rassembler d'unités disponibles, auxquelles se sont joints quelques navires alliés. Du volume, une météo affreuse, un scenario des plus raffinés, tout est réuni pour renforcer la combativité et l'état de préparation des équipages. Mais je sais que l'essentiel se niche dans la tête. Cette petite cérémonie, sobre et émouvante, est l'occasion de le rappeler. « Aux morts ! » : j'ai jeté par-dessus bord une gerbe de fleurs aux couleurs nationales achetée à grands frais au shipchandler de Naples, où l'*Auvergne* a fait relâche il y a quelques jours. En silence, nous l'avons regardée s'éloigner dans le sillage, tandis que les monuments turcs qui se dressent de part et d'autre de notre passage nous rappellent à chaque instant le sacrifice de nos anciens : il pourrait être le nôtre un jour.

Dans la nuit, le détroit s'élargit. Devant nous s'ouvre la mer Noire. Au large, des dizaines de navires attendent au mouillage ou à la dérive un ordre de leur armateur ou leur tour de passage pour rejoindre la Méditerranée. J'ordonne de couper l'AIS[1] et le radar de veille aérienne, puis de faire route à travers eux : cela compliquera la tâche du bâtiment de guerre russe qu'on annonce à une cinquantaine de nautiques et qui vient manifestement à notre rencontre. Nous reconnaissons bientôt une frégate turque, croisée au milieu du mouillage. Nous attendait-elle, elle aussi ? On serait presque flatté d'un tel comité d'accueil, pour la première entrée d'une frégate multi-missions[2] en mer Noire. Le bateau turc nous souhaite aimablement la bienvenue sur le canal 16 de la VHF. Je l'interprète comme un « bienvenue chez nous », d'autant plus légitime que nous croisons encore dans les eaux territoriales turques. Le russe finit par nous rejoindre, un peu plus loin. Bref échange par VHF à son initiative, que je fais enregistrer. Il annonce qu'il nous « accompagnera » pendant notre séjour en mer Noire ; façon polie mais sans équivoque de dire qu'il va nous coller. On sent dans le ton de sa voix qu'il a des consignes... Qu'importe, nous avons l'habitude : la Marine russe est celle que l'*Auvergne* a le plus fréquentée, ces dernières années, lors de ses missions en Méditerranée orientale. Qu'il nous suive si ça lui chante ! Justement, notre présence ici vise notamment à montrer que la mer est à tout le monde et que la France navigue où elle veut, quand elle veut. Et qu'importe si le navire russe estime que la mer Noire est un peu plus à lui qu'aux autres. Bientôt, la courte conversation de nos chefs de quart sera publiée sur Twitter où elle rencontrera un succès inattendu. Pour ma part, il est minuit passé et grand temps d'inscrire mes ordres pour la nuit dans le journal de navigation. J'irai ensuite m'endormir sur quelques pages de Daniel-Rops ou Maurice Genevoix que j'ai emportées pour cette mission : une oasis de temps long dans ce monde de l'instantané, qui nous rappelle que l'Europe est passée par nombre de difficultés avant les tensions actuelles.

14 décembre

L'aube nous découvre un horizon bouché, gris et morne. Le soleil ne s'est pas levé, la nuit

En ouverture : L'*Auvergne* en manœuvres avec un bâtiment ukrainien.

Ci-dessous : Exercice avec une frégate turque.

a fait place à une obscurité diurne. Le Russe est toujours là, quelques nautiques sur notre arrière. Il nous suit depuis hier soir, parfaitement synchronisé avec nos changements de route et d'allure – un vrai balai. On pourrait lui faire écrire sur l'eau : « Vive la France » ou quelque chose dans le même registre. Ce matin, l'*Auvergne* a rendez-vous avec une frégate bulgare pour un entraînement commun. Je me souviens que la Marine bulgare a été créée à la fin du XIXe siècle par un bordache[3] : le capitaine de frégate Paul Pichon, finistérien de la côte nord, promu amiral par le prince Ferdinand, en 1912. J'en ferai mention dans un petit message au bulgare, tout à l'heure : toute anecdote soulignant notre proximité est bonne à prendre. C'est aussi pour cette raison que nous sommes ici : renforcer les liens avec les pays amis, riverains de la mer Noire, et notamment ceux de l'Otan. La mer est forte, la visibilité faible, ces manœuvres s'annoncent d'un vif intérêt. Hélas, « dans un gros bouchon de brume, il nous échappe aussitôt », comme dit la chanson[4] : une avarie le contraint à rentrer. Nous remettrons cet entraînement dans quelques jours. Nous croisons une frégate américaine, avec laquelle nous échangeons sur la situation tactique. Elle aussi est « marquée » en permanence par une frégate russe. Elle quittera la mer Noire demain matin : dès lors, l'*Auvergne* sera le seul bâtiment de guerre occidental à croiser dans ces eaux – probablement le dernier avant un bon moment.

Cap à l'est.

Avant de rejoindre Constantza, où nous sommes attendus demain matin, je décide d'aller explorer le centre de la mer Noire, au sud de la Crimée, à une distance respectable de celle-ci pour qu'on ne nous reproche pas de provoquer les Russes – qui sont manifestement un peu tendus ces temps-ci et gesticulent beaucoup à proximité de la frontière ukrainienne. Le camarade *Admiral Essen* nous suit toujours avec une application remarquable. De temps à autre, nous l'appelons sur VHF pour le prévenir de telle manœuvre que nous nous apprêtons à effectuer, pour éviter un malentendu ou une situation de proximité indésirable. Le code utilisé est celui établi jadis avec le gouvernement de l'Union soviétique, toujours en vigueur. Le russe le maîtrise, on semble se comprendre. Il manœuvre sûrement et prend garde à ne pas nous gêner.

Après minuit, demi-tour : les Roumains nous attendent. Le vent a forci, nord-nord-ouest 25 à 30 nœuds, la mer a grossi. Le bateau roule, la nuit sera inconfortable.

15 décembre

Constantza. Le vent, glacial, a encore fraîchi : 35 nœuds devant le port. Salué par quelques flocons, l'*Auvergne* embouque un chenal agité. Il faudra prendre le pilote à l'intérieur du port, quand la grande digue nous abritera de ce mauvais clapot. La pilotine se présente avec difficultés. Au moment d'embarquer, le pilote perd sa casquette, emportée par une vague que j'imagine gelée. Je le retrouve en passerelle, quelques instants plus tard, manifestement frigorifié et marri de cette petite mésaventure. Je lui offre sur-le-champ une casquette de l'*Auvergne*, avec feuilles d'officier général sur la visière : on devine désormais un demi-sourire derrière son masque anti-Covid trempé – lui aussi rapidement changé. C'est un solide gaillard, mal rasé mais sympathique. Surtout, il n'impose pas

1. Automatic Identification System : système d'identification automatique qui équipe tous les navires de plus de 300 tonneaux. Les bâtiments de guerre ne sont pas tenus d'émettre AIS, mais il est d'usage de le faire pour s'identifier dans les eaux territoriales étrangères, tant par courtoisie que pour renforcer la sécurité nautique dans les passages resserrés.
2. Les frégates multi-missions (FREMM) comme l'*Auvergne* sont les frégates les plus modernes de la Marine nationale. Spécialisées dans la lutte anti-sous-marine dans laquelle elles excellent, elles emportent le missile de croisière naval (MdCN) et sont capables de frapper des cibles terrestres dans la profondeur avec une grande précision.
3. Appellation des élèves et anciens élèves de l'École navale.
4. À propos d'un Anglais, cette fois, dans « Le corsaire le *Grand Coureur* ».

ses conditions ; ce qui est toujours une qualité pour un pilote.

L'*Auvergne* remonte lentement le chenal, le long de l'interminable digue. À cette allure, le vent provoque une dérive d'une vingtaine de degrés ; situation inconfortable dans cet espace resserré. Il faudrait accélérer, d'autant que nous sommes en retard, mais un gros porte-conteneurs arrive en face et s'apprête à franchir le pertuis qui donne accès à l'avant-port. Nous attendons de l'avoir croisé, puis l'*Auvergne* se présente pour une manœuvre qui semble simple : accostage en avant sur un quai convenablement défendu, vent vaguement décollant – pas de difficulté majeure. J'ai d'ailleurs toute confiance dans les qualités manœuvrières du bateau comme dans celles de l'officier à qui j'ai confié la manœuvre. Pourtant, les choses ne se passent pas comme prévu : en sortie de giration, en finale, le bateau est nettement à gauche de la position idéale et, malgré le vent, montre une forte tendance à se rapprocher trop rapidement du coin sud du quai, qui devient menaçant. Je reprends la manœuvre et demande au pilote de faire tirer le petit remorqueur pris en flèche arrière, qui donne vite toute sa faible puissance. La tôle et sa peinture seront préservées de justesse, mais je ne suis pas fier : l'excès de confiance est une source pourtant classique des incidents nautiques. J'aurais dû insister pour que le discret pilote fît disposer le plus puissant des deux remorqueurs à l'arrière. C'est la deuxième fois de ma carrière que je vois un commandant reprendre la manœuvre et, cette fois-ci, c'est moi le pacha. « Une belle manœuvre est une catastrophe évitée de justesse », apprend-on à l'École navale. Celle-ci ne fut même pas belle.

Pas le temps de s'apitoyer, la journée s'annonce chargée. D'abord, une visioconférence avec les élèves d'une classe de défense de Montluçon, ville marraine de l'*Auvergne* : il s'agit de leur expliquer les enjeux de notre mission et, qui sait, faire naître quelque vocation. Puis je recevrai l'amiral, commandant en chef pour la Méditerranée (CECMED), qui profite de cette escale pour faire une visite officielle en Roumanie ; ensuite, une conférence de presse avec l'amiral et le premier conseiller de l'ambassade ; enfin, la visite du chef d'état-major des armées roumaines et une réception donnée en son honneur, lors de laquelle nos cuisiniers mettront à l'honneur la gastronomie française. Séquence habituelle de diplomatie navale.

Demain, nous flânerons en ville et peut-être pousserons-nous la balade jusqu'à Bucarest pour y voir les œuvres de Ceaușescu. Vu d'ici, Constantza paraît sinistre. La zone portuaire est lugubre, avec ses vieilles grues rouillées et ses quais plus ou moins désaffectés. Le temps semble suspendu en plein hiver. On nous dit que c'est plus riant aux beaux jours, quand les touristes affluent vers cette station balnéaire prisée où, aujourd'hui, tout nous semble pourtant uniformément gris.

24 décembre

Noël à Odessa. En bas des escaliers Potemkine, sous le regard du duc de Richelieu, l'*Auvergne* est au spectacle. Sur le quai, la fanfare de la Marine ukrainienne joue un air de bienvenue, sous la neige qui tombe abondamment. La ville illuminée s'apprête à célébrer la naissance du Sauveur. Un manège ancien déclenche les cris des enfants dont les parents sirotent un vin chaud et réconfortant. À l'opéra, on joue *Casse-Noisette* et *Le Barbier de Séville*. Sur une place, un groupe en costume traditionnel chante des airs de Noël et distribue de petites Bibles. Rien ne semble pouvoir troubler la paix des Odessites.

Je retrouve, à l'hôtel de ville, l'ambassadeur de France à Kiev. Le maire est un ancien officier au physique affûté et au regard bleu et direct. Échange d'amabilités sur l'amitié franco-ukrainienne, puis l'ambassadeur aborde les sujets sérieux et de prometteurs projets de coopération. Après quelques mots à un journaliste local, nous rejoignons le bord pour y recevoir le chef d'état-major de la Marine ukrainienne. À table, l'excellent homme se dit déterminé à repousser une offensive russe, malgré la modestie de ses moyens. Amer, il nous explique comment, en 2014, lors de l'invasion russe en Crimée, l'un de ses prédécesseurs est « passé à l'Est » avec le navire amiral de la flotte ukrainienne. Il s'emploie depuis à reconstruire ses capacités avec une volonté d'acier face aux provocations russes en mer d'Azov. Dans quelques jours, nous ferons un exercice avec l'une de ses unités, sans doute sous l'œil attentif du préposé à notre surveillance.

31 décembre

L'année se termine sous un soleil quasi printanier. Mer belle et petite brise pour cette journée d'exercice avec une frégate turque, qui clôturera la série des actions de coopération que l'*Auvergne* a réalisées pendant sa tournée en mer Noire. Celle-ci est aujourd'hui d'un bleu auquel elle ne nous avait pas habitués. Partage de situation tactique, exercices de communication, manœuvres, appontage de l'hélicoptère turc sur notre pont d'envol : toutes choses assez banales en somme, mais dont la pratique régulière entre alliés de l'Otan garantit la capacité d'opérer ensemble sans préavis. Surtout, pour consacrer cette rencontre, une belle photo sera publiée dans tous les médias institutionnels. Les Turcs, suivant leur habitude, déploieront un immense pavillon ; nous sortirons pour l'occasion le plus grand que nous ayons en soute – qui, malheureusement, ne fait pas le quart du leur.

Après les saluts d'usage, je fais passer sur turbine à gaz pour semer momentanément le russe, resté à distance de l'exercice. Je sais qu'il fait trois nœuds de mieux que nous à vitesse maximale et qu'à ce petit jeu, il finira par nous rattraper. Mais l'occasion est trop belle de lui mettre quelques nautiques dans la vue, le temps qu'il réagisse, et d'avoir la bride un peu plus lâche. Nous croisons la route de navires de prospection pétrolière turcs, puis nous enfonçons dans l'est de la mer Noire, au large de côtes géorgiennes. Loin des grands axes de navigation qui relient le Bosphore à Novorossisk, Kertch et Odessa, l'activité maritime est modeste. Peu de cargos, encore moins de pêcheurs. La mer Noire est, semble-t-il, malade de la pollution charriée par les grands fleuves qui s'y déversent. Le poisson, jadis abondant, y a presque disparu.

À minuit, le timonier envoie un message en scott (transmission par signaux lumineux) à l'*Admiral Essen* : « Bonne année », en russe. Entre marins, il n'est pas interdit d'être courtois, à défaut d'être amis. Après tout, si nous n'étions pas là, ces marins seraient probablement auprès des leurs, à fêter la nouvelle année. Demain, je l'appellerai par VHF pour lui dire que nous nous apprêtons à quitter la mer Noire, après y avoir séjourné pendant vingt et un jours, durée maximale permise par la convention de Montreux. « Enfin libre ! » se dira-t-il sans doute. – **PMdV**

Ci-contre :
Sous l'œil vigilant
de la frégate russe.

RM 900

De l'*Odyssée* à l'*Iliade*... Divagations méditerranéennes

Daniel Allisy

Daniel Allisy est un navigateur rêveur. Il dit non avec la tête mais il dit oui avec le cœur. Mais quand son prof de grec lui a parlé de Victor Bérard, le traducteur d'Homère, il a presque illico largué les amarres dans son sillage.

Il faut toujours croire aux mythes. Pendant des années, j'ai navigué par mers froides et vents roides, à la recherche de paysages désolés et de vagues escarpées. J'ai été matelot de pont sur un trois-mâts polonais, dans le Nord, et cuistot sur une goélette, en Géorgie du Sud. J'ai été marin dans l'armée de terre et recherché la terre aux confins de la mer. Mais, la plupart du temps, j'ai surtout navigué à bord du bateau des autres pour faire mon vrai métier de photographe de mer. Alors, imaginez : la Méditerranée, c'était pour les autres ; les touristes qui ne pensent qu'au farniente, à la *dolce vita*.

Et puis, un beau matin, je me suis souvenu d'un professeur de grec qui nous parlait avec souffle de Victor Bérard, le traducteur de l'*Odyssée*. Il avait reconstitué le « vrai » voyage d'Ulysse en suivant scrupuleusement le texte d'Homère. Ce jour-là, assis au fond de la classe, je me suis promis d'accomplir ce périple mythologique. Cela m'a pris le même temps d'honorer ce serment que l'*Odyssée* du rusé Ulysse : une dizaine d'années avant de commettre la bêtise d'acheter un petit voilier, puis une bonne douzaine de printemps à sillonner notre « bonne mer » – traduction libérale de « *Mare Nostrum* » – en bravant les calmes plats, le soleil brûlant, pour approcher le mythe.

Tout a commencé à merveille. J'ai ressenti ma première émotion à peine après avoir quitté la Corse et doublé les bouches de Bonifacio, dans une petite crique au nord-est de la Sardaigne : à l'approche du fond de la baie de Palau, j'ai aperçu le rocher en forme d'ours qui servait de repère aux navigateurs d'Homère et leur permettait de trouver une source d'eau au pays des redoutables Lestrygons.

La caverne de Calypso

Ma recherche s'est compliquée quand il a fallu trouver la grotte de Calypso. Toute grotte de Méditerranée jouissant d'une vue sur mer est réputée avoir abrité les amours d'Ulysse et de sa nymphe. Après Gozo près de Malte, puis l'île sicilienne de Pantelleria, je me suis rabattu sur Perejil, îlot du détroit de Gibraltar, qui abrite la caverne de Calypso. À son sujet, Victor Bérard a légèrement tordu l'interprétation de l'Odyssée. La grotte est magnifique, immense, ouverte sur la mer, même si l'arche d'entrée s'est quelque peu effondrée. À moins de 300 mètres de la côte marocaine, nettement plus verdoyante, on peut imaginer que la végétation luxuriante évoquée par Homère n'est qu'un transfert poétique.

La deuxième fois que j'y suis allé, une vedette de la marine espagnole a surgi de nulle part, nous enjoignant de quitter les lieux. En mettant le pied à terre sur cet îlot revendiqué à la fois par l'Espagne et le Maroc – au point de provoquer un début de crise picrocholine, en juillet 2002 –, je savais débarquer en terrain miné. De là à me douter que l'endroit servait aussi de plaque tournante aux trafiquants d'herbe marocaine, avant de traverser le détroit de Gibraltar à bord de leur go fast... Et pourtant, cette fameuse herbe était-elle la clé du sortilège qui retint Ulysse auprès de Calypso pendant sept années !

Oublier les instructions nautiques

Ma quête homérique commençait à prendre du plomb dans l'aile. En outre, chaque fois que j'arrivais dans un lieu photographié par le grand Frédéric Boissonnas – compagnon de navigation de Victor Bérard, en 1912, dans sa recherche du temps ressuscité –, je trouvais des routes goudronnées à la place des sentiers rocailleux, des véhicules tout terrain au lieu des moutons, et des villas « sam'suffit » en guise de huttes de bergers. En cent ans, la « civilisation » était passée par là et avait fait plus de ravages qu'en vingt-cinq siècles.

Ce voyage d'Ulysse, je l'avais imaginé dans le désordre. À la première « escale » d'Ulysse, après son départ de Troie – une petite rapine pour remplir ses cales d'amphores du vin local ; épisode fondateur qui lui vaudra ses dix années d'errance –, je n'ai trouvé

J'ai donc peu à peu délaissé Ulysse, en décidant de ne naviguer qu'au printemps, pour éviter les foules et la chaleur de l'été, et de remiser mon voilier à terre pour son hivernage dans un lieu chaque fois différent.

qu'un petit bistrot de Thrace servant du vin raisiné à de paisibles retraités, venus toucher leurs pensions. Je me suis attablé près d'eux, j'ai dégusté cet effroyable élixir sans doute guère différent de celui qu'il était venu razzier chez les Cicones, et ai enfin compris que ma quête homérique n'était qu'un prétexte. Il était maintenant temps de naviguer en oubliant un peu les *Instructions nautiques* de Victor Bérard.

Ainsi, j'ai pu découvrir des mers que je ne connaissais pas – la Méditerranée en compte huit, en incluant le détroit de Gibraltar –, à mille lieues de l'univers de mes océans habituels : d'infinis calmes blancs auprès desquels le passage du Pot au Noir n'est qu'une formalité, des coups de vent subits qui vous tombent dessus sans crier gare, des trains de vague qui relèvent du stock-car ; des mers sans – presque de – marée, sinon sans houle – ou, plus précisément, avec une houle si courte que vous n'avez pas le temps d'escalader la première vague que votre voilier est déjà coiffé par la suivante. Une mer casse-bateau, véritable cagnard en été, effroyable traquenard en hiver.

J'ai donc peu à peu délaissé Ulysse, en décidant de ne naviguer qu'au printemps, pour éviter les foules et la chaleur de l'été, et de remiser mon voilier à terre pour son hivernage dans un lieu chaque fois différent. Après la Tunisie, la Sicile, Venise et le golfe de Corinthe, je me suis établi en mer Égée, une année dans le Péloponnèse et la suivante dans le Dodécanèse. Pourquoi toujours revenir à son point de départ, quand la moitié du chemin de retour vous chante comme un air de déjà-vu ? Naviguer à la voile, c'est d'abord partir à la recherche de l'inconnu, à la rencontre de l'imprévu.

Un cercle de l'enfer

Chacun sa quête. On peut venir en Méditerranée uniquement pour le plaisir de se baigner dans des eaux cristallines. Les eaux des îles Kornati en Croatie sont, il est vrai, d'une transparence attractive : en rentrant un soir – sobre – à bord, j'ai cru mon voilier échoué, tant le réverbère du quai éclairant le fond du port donnait l'impression que la mer s'était retirée.

Cette recherche de « criques sauvages » draine nombre de navigateurs, surtout si le mouillage en question est vanté par les guides nautiques. À tel point qu'on peut parfois se demander quel est le plus sauvage de l'histoire ! Je me souviens d'un joli petit trou d'eau turquoise que j'avais découvert sur les cartes marines. Nous y avons passé une nuit idyllique. Quelques années plus tard, un petit malin y avait installé une quinzaine de bouées payantes et proposait, en sus, des boissons fraîches à un prix digne de la rue de la Paix.

Je me souviens du choc en pénétrant dans la baie de Dwejra : une crique parfaitement circulaire dont l'unique passe d'entrée ne doit pas excéder 15 mètres de large ; un si bel abri de l'île de Gozo, au nord-ouest de Malte, qu'on en oublierait presque que, par coup de vent d'ouest, ce petit paradis doit devenir

un cercle de l'Enfer. Mésaventure qui a bien failli m'arriver quand il m'a fallu déguerpir en catastrophe d'une minuscule crique cachée dans l'interminable muraille de la côte albanaise ; certainement un des plus beaux mouillages méditerranéens – vous comprendrez que je garde jalousement sa position. J'étais en train de gravir le sommet de la falaise pour photographier les graffiti taillés dans la pierre par des marins de l'Antiquité, quand les vagues ont commencé à déferler violemment dans le mouillage de mes rêves !

Le danger en mer, c'est la terre

Oui, la quête de culture peut se révéler dangereuse en Méditerranée. Alors que j'étais sûr d'avoir parfaitement mouillé mon voilier au centre de la baie de Kiladha, dans le Péloponnèse, je suis parti au petit matin en voiture à Athènes pour profiter une dernière fois du spectacle du lever du jour sur l'Acropole. À peine gravi les derniers degrés du Prytanée, j'ai brutalement tourné casaque en découvrant la mer blanche d'écume à l'horizon : et si ce coup de vent imprévu s'abattait sur mon bateau, une cinquantaine de kilomètres plus au sud ? Mon sang n'a fait qu'un tour et je suis rentré en catastrophe... pour découvrir que mon voilier avait disparu du centre de la baie, avant de se retrouver miraculeusement coincé dans un vieux casier de pêche, à quelques mètres du quai où il était sur le point de se fracasser !

Tous les navigateurs savent que le danger en mer, c'est la terre. Mais, en Méditerranée comme ailleurs, ce sont d'abord les rencontres qui font le sel de la croisière. Pour peu que l'on navigue en dehors des sentiers battus, il arrive de découvrir alors une autre Méditerranée. Souvenirs souvenirs...

En remontant le Bosphore. Oh ! Pas pour aller naviguer en mer Noire, non ; juste pour jeter un coup d'œil, en vérifier la couleur et pouvoir dire : « J'y suis allé. » Dans un petit port à quelques milles de l'embouchure, un pêcheur turc me hèle pour me proposer du poisson que j'accepte sans hésiter. Il se montre offensé quand je lui propose de les lui payer, se contentant d'en rajouter quelques autres dans le sac. Les seigneurs ne s'habillent pas tous en Prada...

À Kiladha, dans le golfe Argolique, un navigateur handicapé allemand vient de s'amarrer le long du quai. Le pont de son antique voilier de sept mètres – avec lequel il arrive de La Rochelle, en passant par le Danube et la mer Noire, excusez du peu – est jonché d'un incroyable capharnaüm d'ustensiles rouillés qu'il a extirpé de ses cales pour tenter de les nettoyer. Trônant au beau milieu, une misérable ancre dont la verge est pliée à 90 degrés. À Paros, sa dernière escale, un gros *motor yacht* qui guignait sa place l'a juste déplacé en force, ployant son ancre pour l'occasion...

Un après-midi pluvieux à Mykonos. Pendant des années j'ai évité l'endroit à cause de sa faune dès les premiers rayons de soleil. Mais, début mai, il n'y a encore personne, à part deux touristes japonaises et une famille venue arroser un mariage en musique dans un café désert du port. Ils ne parlent pas un mot d'anglais, ni nous de grec. On peut aussi se parler avec des sourires et l'ouzo se révèle un précieux outil de traduction simultanée...

Dans les îles Ioniennes et en mer Égée. Combien de fois avons-nous croisé de ces délicieux couples de vieux Anglais naviguant sur des voiliers improbables de moins de huit mètres et arborant des sourires de contentement absolu qui donnent envie de vieillir comme eux ?

Pirates de la pêche

Dans un petit port de la côte turque au sud d'Izmir. Après avoir vainement cherché une place à quai, nous allons nous amarrer à couple d'un bateau de pêche, quand deux marins surgissent en hurlant, descendent sur le quai, déplacent un autre bateau, puis nous font signe de prendre la place qu'ils viennent de libérer. Juste après avoir saisi nos amarres, ils nous tendent des tasses de thé fumant... Ils nous avaient simplement crié qu'ils venaient de repeindre leur coque avec du coaltar. À ce moment-là, j'ai eu l'image fugace d'un voilier de plaisance turc venant s'amarrer à couple d'un pêcheur de Saint-Guénolé les Flots...

Impossible de se voiler la face, il n'est plus guère possible aujourd'hui de sillonner la Méditerranée, la conscience tranquille.

En ouverture :
Monténégro.
Église Notre-Dame-du-Rocher sur un îlot artificiel. Bouches de Kotor face à la ville de Perast.

Double page précédente :
El Jebha dans le Rif occidental du Maroc. Filets étendus par les pêcheurs, dans le port.

Ci-contre :
Monastère des Vlachernes sur la presqu'île de Kanoni, côte est de Corfou.
Au 2e plan, Pondikonissi ; selon une légende locale, le navire d'Ulysse, rentrant au port, fut pétrifié par Poséidon.

Le tableau serait trop idyllique et trompeur si l'on n'évoquait les mauvaises rencontres : celles dont on se souvient avec un éclat de rire à postériori. Je me souviens des premiers mots du pêcheur italien, arrivé pour relever le filet dérivant dans lequel nous étions coincés pour la seconde fois en pleine nuit, au nord des îles Éoliennes : « Avez-vous prévenu quelqu'un ? » Sur la négative, il a eu l'air très soulagé et s'est empressé de sauter sur notre pont pour balancer un grappin, attraper le filet et le taillader à grande rasade avant de filer sans demander son reste. Sans savoir que j'en avais découpé déjà une jolie partie, une heure avant, alors que j'étais déjà tombé dans le piège. Non, les pirates de la pêche ne sont pas un mythe !

Je me souviens de ces « nouveaux » plaisanciers qui tournent la tête au lieu de venir prendre vos amarres, quand vous vous amarrez à côté d'eux, comme cela m'est arrivé à Lampedusa où je mouillais cul à quai en solitaire, entre leurs deux grosses caisses à moteur. Plaisanciers ou plaisantins ?

Je me souviens avoir passé un week-end confiné à la douane de Dubrovnik – ma police d'assurance n'étant pas rédigée en anglais. Je pensais pourtant avoir pris toutes les précautions en présentant mon permis moteur – indispensable pour entrer en Croatie. L'affaire a pu se démêler parce que mon douanier avait gardé un souvenir ému de son passage par la « rue de la soif » de Saint-Malo !

Je me souviens surtout d'un voilier de 20 mètres complètement délabré dans le port de Monemvasia, au sud-est du Péloponnèse. Il avait été arraisonné avec plus de 150 migrants. Depuis, je ne cesse de penser à ce qui pourrait arriver si je croisais des naufragés involontaires à bord de mon petit voilier de 9 mètres…

Impossible de se voiler la face, il n'est plus guère possible aujourd'hui de sillonner la Méditerranée, la conscience tranquille. De la Libye au Liban, en passant par l'Algérie et la Tunisie, il devient illusoire de naviguer sereinement, de rêver sans être confronté aux symptômes de l'histoire immédiate.

Oui, Homère a dit vrai : Ulysse a bien traversé toute la Méditerranée. Mais l'*Odyssée* maritime se transforme malheureusement aujourd'hui en une version moderne de l'*Iliade*. – DA

Xaridismos Kakoulakis, PÊCHEUR D'ÉPONGES

José-Manuel Lamarque

Il est temps que la vie s'écoule
au rythme des saisons, des moissons,
des récoltes de fruits, des vendanges
et du hamac. Bienvenue en Crête,
chez Xaridismos Kakoulakis.

I

Je le vois venir, descendre le chemin vers la taverne ; le soleil pointe tout juste. Il arrive de son pas lent, et moi je grille les tranches de pain sur les cendres encore chaudes de la soirée, dans le four à pain. Il me donne une grande tape sur l'épaule...

« Ça va ? Bien dormi ?

— Un ange...

— Et Andros ?

—À la barque... »

Andros c'est le marin ; c'est lui qui tient la barre avec son pied quand nous levons la voile levantine... Andros est petit, le cheveu court, trapu, un lutteur, pugiliste ; il monte aux arbres pieds nus ; toujours avec sa chemise de lin, ses sandales, ses mains comme celles d'Hercule qu'il agite bien haut dans le ciel quand les enfants sont turbulents...

« Du calme, ou je vais chercher un nuage que vous devrez manger. »

Et les enfants deviennent sage, ou lui répondent...

« Plutôt un éclair oncle Andros... »

J'aime bien Andros. Il vit avec sa vielle maman, la cuisinière de notre taverne, et Andros doit goûter tout ce que fait sa mère...

« Je vais faire le café, me dit-il.

— Je sors le pain.

— Tu vas chercher quelques oranges ?

— C'est fait, j'ai aussi ramené une pastèque. »

C'est tous les matins comme ça. Moi je prépare le pain ; Andros est déjà sur le ponton et lui vient faire le café. Lui, c'est mon frère aîné, Xaridismos Kakoulakis, celui qu'on appelle le pêcheur d'éponges. Xaridismos est plus petit que moi, ses épaules puissantes et ses avant-bras ressemblent à des gigots d'agneau sur la broche le jour de Pâques. Il connaît la mer comme sa poche, surtout notre côte de Libye, toutes les criques, les recoins, les passages et surtout les caches. Xaridismos Kakoulakis, le pêcheur d'éponges. Ici, il y a encore des éponges.

Ici, c'est la Crète ; la côte de Libye, c'est chez nous.. Ici, la mer est bleue comme jamais vous ne l'avez vue, et le soleil si beau que l'azur est mis en valeur. Ici, c'est la côte, et, derrière nous, la montagne. Alors, pour venir nous voir, il faut la passer. Mais vous ne pourrez jamais venir. Parce que vous serez arrêté par les herbes, les fruits sauvages comme les mirabelles, les senteurs, l'artémisia et les chants des oliviers. C'est pourquoi celles et ceux qui ont tenté de venir chez nous ont été emprisonnés par la montagne et y sont restés, là-haut, où il fait moins chaud qu'ici. C'est plutôt nous qui montons les voir avec notre pêche ; on partage ensemble un dîner de cabris et de poulpe. Voilà, c'est comme ça. Et vous vous posez des questions sur l'artémisia ?... Vous l'appelez « armoise » ; elle nous accompagne, on la trouve sur le bord des chemins, souvent bien haute, verte et blanche ; on la prépare comme décoction. Nous buvons des infusions de toute sorte, depuis toujours – c'est grâce à ça que nous vivons centenaires.

Voilà Xaridismos pour le café – on l'appelle plutôt Harri. Il va vers la margelle et regarde la mer.

« Andros, Andros, le café... »

Andros nous rejoint autour de la table de pierre. Il y a les tasses, le *briki* avec le café grec, les tranches de pain, l'huile d'olive, les oranges et la pastèque. Andros s'assied.

« Harri, où veux- tu aller ?

— Vers Ierápetra, au large...

— Tu penses trouver des éponges ?

— Après les pierres... »

Dans le fond de l'eau, les pierres plates sont les vestiges du tremblement de terre de Santorin, il y a plusieurs siècles. C'est pratique pour plonger, tu les suis et ensuite c'est le haut-fond, les poissons et les éponges. Mais je parle des pierres pas des rochers, où se cachent les murènes. Elles te voient et ouvrent bien grand leur gueule, elles mordent, et ça fait très mal, donc évite les rochers...

« Sifomanoli (Sifomanoli c'est moi), coupe la pastèque, me dit Harri.

— C'est fait dis-je, avec le sabre de la Bouboulina...

— C'est un bon sabre », dit Andros...

La Bouboulina est l'héroïne grecque de l'indépendance : elle n'est pas crétoise, mais nous avons depuis toujours une rapière baptisée « le sabre de la Bouboulina ».

« Bien, dit Harri, on mange et on part...

— J'ai mis le filet, dit Andros.

— Aujourd'hui, c'est Andros qui plongera ; nous, on s'occupera du poisson... »

Nous descendons en procession le petit chemin vers le ponton ; au passage Harri a un peu secoué la

En ouverture :
Est de la Crète, district de Lassithi, Sitia, le fort vénitien de Kazarma.

Ci-dessus :
Lerápetra, le port et le fort vénitien de Kales construit au XIIIe siècle

Image suivante :
Côte de Sitia.

petite cabane de joncs où se réfugient les poules et le coq...

« Chante *kokoras*, dit Harri, chante que les autres se réveillent et se mettent au travail, la taverne les attend... et vous, les poules, libérez les œufs... »

Il fait beau, de toute façon il fait toujours beau. Eleni, notre sœur, est sortie sur son balcon.

« Bonne pêche, dieux de l'écume... »

« Dieux de l'écume », c'est ainsi qu'Eleni nous appelle tous les trois, parce que nous sommes à son image : cheveux blancs et barbes blanches pour Andros et moi. Harri, lui, c'est la moustache, bien formée, belle, imposante – il ressemble à ces guerriers crétois qui ont chassé les envahisseurs. La chaleur arrive doucement, Andros prend l'amarre et pousse du pied le ponton. Harri hisse la voile levantine, je prends la barre : le vent s'engouffre dans la voile, elle se gonfle, nous rasons les flots, nous glissons ; douce musique entre le vent, la mer et la barque qui craque. Andros reprend la barre...

« Dis-moi Harri, Ulysse est-t-il passé par ici ? s'enquiert Andros.

— Non, plus à l'ouest, vers Xania ; il venait de Troie, n'est-ce pas Sifomanoli ?

— Oui, ici, nous sommes minoens...

— Oui, nous sommes minoens », répète Andros.

Parce que, avant les Crétois, il y avait les Minoens, sachez-le. C'était une grande civilisation. Les Minoens vivaient plutôt sur les hauteurs, ils voyaient qui venaient chez nous depuis la mer, et se préparaient. Ainsi, nous sommes des Minoens, et des Grecs, peut-être un peu mélangés à des Vénitiens, donc nous sommes crétois.

« Et si le vent est trop fort, Harri ? s'inquiète Andros.

— On ira se réfugier à Axlia, c'est tout...

— Et si plutôt nous partions maintenant vers Moni Kapsa ? -je demande.

— Écoute, répond Harri, aujourd'hui cap vers Ierápetra : des éponges, un peu, du poulpe aussi et du poisson, c'est tout...

— Le pêcheur d'éponges a parlé, rigole Andros.

— Vous avez vos pipes ? interroge Harri.

— Ah ah ! nous exclamons-nous. Tu as reçu du tabac d'Orient...

— Alors, fumons et admirons la mer... »

Au loin, la cloche d'une église se fait entendre, puis deux, puis trois, quatre, cinq églises.

« Ton frère est debout, dit Harri à Andros.

— C'est l'avantage d'avoir un frère pope » lui répond Andros en souriant.

Oups, un coup de vent et un courant nous entraînent vers le large. Nous parcourons 5, voire 10 milles marins ; peu de houle ce matin. Au loin passent des transbordeurs, des bateaux de commerce ; ils filent vers l'Égypte ou viennent de Sitia.

« Prépare-toi à plonger Andros, dit Harri. Et toi, laisse aller le filet, doucement, me demande-t-il.

— Tu ne viens pas avec moi ? l'interroge Andros.

— Tu croyais que Harri Kakoulakis te laisserait partir seul, lui qui est connu jusqu'au large de Kefalonia ? plaisante Harri.

Et mon frère plonge...

II

L'attente, sous le soleil, et la barque qui tangue, un peu. Ils remontent l'un après l'autre, attrapent leurs prises et les déposent. Ils plongent, encore et encore. Moi, j'ai laissé s'en aller le filet, bien arrimé. Je regarde la côte : les maisons si petites au loin, la montagne qui domine l'horizon, et ce souffle chaud, qui me bat le dos et enveloppe mes épaules. Le temps passe, je me fie au soleil, il bouge, se déplace ; quand il rejoint le bord de la côte, c'est le moment de s'en aller. Quand je vous dis qu'il rejoint la côte, c'est une image – c'est ainsi que l'on évalue le temps.

« Sifomanoli, cet après-midi nous irons vendre les éponges... »

Mon frère est remonté avec ses trésors : elles sont pleines d'eau de mer, plutôt marrons, mais, une fois lavées, elles porteront les habits du soleil. Harri a aidé Andros à se hisser jusqu'au bateau...

« Allez, encore un effort, je te tiens, allez ! Mais que tu es lourd... Mais qu'est-ce que tu as trouvé ? »

Andros remonte une ancre haute, abîmée par la mer, blanchie par les fonds marins, mais solide, très solide...

« Je l'ai vue dans la posidonie ; c'était comme une croix que je voyais au loin, et il y avait ce curieux dessin. Regardez ...

— Hum, étrange, il va falloir bien la frotter pour comprendre, reprend Harri.

— Une ancre des Barbaresques, des Ottomans, non ? Peut-être byzantine, qui sait ? » leur dis-je en reprenant la barre, et ma pipe.

Le soleil, la chaleur, il faut revenir au rivage. Nous tirons le filet en laissant aller la barque.

« Allez, tirez, tirez ! Il nous faut bien six bras pour le ramener, dit Harri.

— Le dernier effort avant le plaisir », s'amuse Andros.

Nous contemplons nos prises à travers les mailles, les dorades, les loups de mer, les pageots luisent à la lumière.

« Tu l'avais bien lesté, le filet, pour prendre des loups, remarque Andros.

— De bonnes pierres plates...

— Maintenant je comprends pourquoi il est aussi lourd ! »

La caisse sur laquelle je suis assis contient trois poulpes aussi venus visiter mon filet. Mais les poulpes il faut les enfermer. Ce sont des céphalopodes : « la tête avec des pieds » en grec. Le poulpe est le génie des mers, un animal à l'intelligence supérieure, capable de se libérer de toutes situations ; pour le garder, il faut une caisse et s'asseoir dessus, sinon, *Iassou* : il s'en va...

Nous parlons grec ; ça aussi, c'est unique. Elle est la langue des langues. Tu parles grec et tu parles toutes les langues d'Occident. Parce que vos langues ont des racines grecques et latines, mais d'abord grecques. C'est notre belle identité, unique, nous en sommes très fiers.

« Je prends la barre, dit Harri. Reste sur la caisse, on donnera notre pêche à Eleni. Elle doit nous attendre avec Stavros. »

Stavros est notre beau-frère, l'homme à tout faire au village. Nous partageons avec lui un lopin de terre et des arbres fruitiers. Ses mains sont d'or, comme dit Harri, il sait tout réparer, c'est lui qui a installé l'électricité partout, chez tout le monde...

« Regarde, dit Andros, la voile se gonfle de plus en plus, nous prenons de la vitesse, il est temps de rentrer, nous risquons d'être surpris par la houle, elle va arriver. »

La mer de Crète. Il faut bien savoir naviguer pour ne pas se laisser surprendre ; on la croit douce et calme, elle peut devenir infernale et vous précipiter par le fond. Tu peux t'en aller par très beau temps, tout va bien, et le temps reste au beau, mais pas elle, elle fait ce qui bon lui semble, beaucoup sont partis, certains ne sont jamais revenus, même proches de la côte. C'est Poséidon qui gouverne la mer ! Il décide pour nous, ceux qui retourneront au port, et les autres. Parce qu'ici, nous savons qu'il y a trois catégories d'hommes ! Les vivants, les morts et ceux qui vont sur la mer... Ainsi, l'aurait di Aristote, ou Socrate, ou bien Platon. De toute façon, nous vivons ainsi, entre vivants, morts et marins... Et Éole... Quand il se réveille, pas la peine d'aller en mer, le vent est si fort que tu pourrais te retrouver à Alexandrie à 150 milles marins...

« Tu sais, Harri, dit Andros, nous devrions avoir un phare sur cette côte...

— Il y en a un à Gávdhos, répond Harri.

— Oui, mais c'est une île : je veux un phare sur notre côte à nous... Ils sont tous répartis au nord, et rien pour nous, ce serait utile...

— Tu as raison, Andros, affirme-je, mais tu sais bien que pour ça il faut aller à Athènes, à la Marine, les convaincre.

— Ben, on peut déjà s'adresser à la préfecture, à Ierápetra, après on verrait bien, s'exclame Andros. De toute façon, si on ne fait rien, on n'aura rien, vous le savez tous les deux...

— D'accord, Andros, dit Harri en lissant sa moustache, mais un phare c'est utile pour la nuit, et qui navigue de nuit ici ? Personne... alors... Travaille à l'idée, si tu veux, mais un phare pour rien, qui va payer ? »

Harri et sa moustache, il en prend soin, il ressemble à un commerçant levantin, phénicien. On l'imagine avec des pantalons bouffants, occupé à inspecter le déchargement d'un boutre. Mais les boutres nous n'en avons pas ici...

« Qui va payer pour le phare, Harri ? répète Andros. Tu as raison, personne ne va payer, pour une lumière de nuit dont nul n'a vraiment besoin... »

Nous approchons de chez nous, on ramène doucement la voile, et Harri fait partir le petit moteur dans un grincement ; « Pit, pit, pit... ». Nous perdons en vitesse, la vague prend le dessus, elle secoue, notre barque tape avec sa proue sur l'eau, tandis que la houle nous balance, et le moteur, « pit, pit, pit... ». Le moteur, c'est celui d'Andros ; il l'a trouvé un jour en se promenant sur le quai de Ierápetra, il était à vendre. Son propriétaire, un pêcheur, s'en séparait parce qu'il n'allait plus reprendre la mer, il était trop vieux, le moteur aussi d'ailleurs. Alors, Andros lui a proposé de l'acheter en lui livrant chaque mois durant une année, une bonbonne d'huile et une bonbonne de vin. Ils se sont mis d'accord, il fallait un témoin, un pope passait par là. Le pope rédigea le contrat dans un grand cahier. Puis les deux hommes se serrèrent la main, le pope les bénit, l'affaire était faite. De retour avec le moteur, Stavros donna un coup de main pour le remettre et marche, et maintenant « pit, pit, pit... ».

« On va aborder, Andros, tiens-toi prêt, dit Harri.

— J'ai déjà l'amarre dans la main. Approche doucement et je saute », prévient Andros.

Je repris la barre, « pit, pit, pit... » ; et réduis la vitesse. Je vois Eleni s'avancer vers nous. Elle a mis sa robe blanche à ceinture rouge, elle descend pieds nus... Ses pieds sont tellement habitués à marcher sur les pierres, elle m'étonne. Moi pas, je n'aime pas les pierres ; ça fait mal, je quitte rarement mes sandales de cuir...

« Ah vous voilà ! lance-t-elle. Petroyanakis est arrivé ! »

C'est mon frère qui parle, il est remonté avec ses trésors : elles sont pleines d'eau de mer, plutôt marrons, mais, après avoir été lavées, elles porteront les habits du soleil, les éponges. Harri a aidé Andros à se hisser jusqu'au bateau...

III

Chez nous la vie est simple. Si vous arrivez à passer la montagne, depuis la dernière colline, vous verrez la côte, une route, et quelques maisons sur le bord de mer. Nous vivons ici depuis fort longtemps – enfin, pas tous. Certains sont des Pontiques, chassés de Turquie en 1923, 'autres de Smyrne, fuyant aussi les Turcs. C'est simple, on se reconnaît à nos patronymes. Ceux qui finissent par « kis » sont des Crétois, et les autres pas. On disait que le « kis » avait été ajouté par les Turcs pour nous diminuer, mais en fait le « kis » nous élève vers les cieux, parce que nous ne sommes pas comme tout le monde, nous sommes crétois. Et c'est quoi un Crétois, me direz-vous ? Bien, c'est simple : nous mangeons des escargots et nous buvons de la tsikoudiá. D'ailleurs les escargots, c'est un plat minoen, nous sommes minoens. La tsikoudiá, c'est un marc, un alcool blanc, on en boit tous les jours, aux repas – c'est comme ça et ça fait du bien. En fait, tout fait du bien en Crète parce que tout est naturel, sain. Les légumes viennent du jardin ou du plateau de Lassithi ; les fruits, c'est pareil, tout comme le vin. Vous savez, nous cultivons même des bananes, mais notre fruit, c'est l'orange, elle est crétoise. Vous n'en trouvez pas chez vous parce qu'elle n'est pas très belle, pas assez ronde, pas assez bien pour le marché occidental, mais on s'en moque – elle est bonne, c'est le principal. Et puis nous avons nos herbes, on en trouve partout : l'artémisia qui soigne tout, la sauge, le thym, le romarin, la menthe, le basilic ; il suffit de regarder au bord des chemins. Voilà, c'est chez nous. Et pour se déplacer, nous avons encore des ânes, et de vieilles autos ; le plus important c'est qu'elles roulent. Nous en avons aussi des neuves, mais une fois les chemins de montagne passés, ta voiture neuve, elle ne l'est plus. Comme dit Petroyanakis, « le plus important, c'est la vie ». Petroyanakis, c'est notre philosophe français, il a pris un nom crétois parce que nous avons des problèmes à prononcer votre lettre J. Il s'appelle Jean-Pierre, et nous on dit « Zan Pierre » – ça le fait rire. On le voit passer avec son chapeau Panama, sa barbiche. Tout mince qu'il est, il rit sans cesse, il sourit ; chaque jour, il part en mer, avec son masque, son tuba et ses palmes – sa baignade quotidienne. Après, il s'attable pour prendre son ouzo. Ah l'ouzo ! Ça, c'est vraiment grec ; de l'anis, avec de l'eau et plutôt beaucoup de glace. Quand on mange du poisson, ça passe bien. Certains l'aiment assez complet – beaucoup d'ouzo et peu d'eau –, mais pas moi, surtout quand il fait chaud, et chez nous, il fait chaud. D'ailleurs, je me suis installé un hamac dans mon jardin, parce qu'il fait chaud. Je m'y prélasse après le déjeuner ; les grillons et les cigales m'accompagnent, me bercent et je pars doucement dans mon sommeil, réveillé par Aristote. Aristote, c'est l'âne d'Andros. Andros ne se déplace qu'avec son âne. Il part vers la fin de la journée sur ses terres, comme il dit. C'est un peu plus haut, vers la première colline : une vigne, un potager et un verger de poires. Il y a aussi un figuier sauvage, mais ce n'est pas sur sa terre ; le figuier est à tout le monde, alors tout le monde déguste les bonnes figues en fin d'été. Moi j'en mangeais tous les jours en partant à l'école, le matin, et en revenant pour déjeuner ; et aujourd'hui, c'est au tour des enfants.

IV

« Petroyanakis, dit Harri.

— Oui, dit Eleni, il est revenu de sa baignade… »

Ma sœur prend les éponges et demande aux autres de s'occuper du poisson et du poulpe. Ah oui, le poulpe ! Il va sécher au soleil…

« Où es-tu allé ? demande Harri à Petroyannakis venu à notre rencontre.

— Aux abords de Kapsa… »

Kapsa, c'est magnifique ; un monastère dont la terrasse principale domine la mer. Tu y vas et tu y restes… Mais les moines te font comprendre que si tu veux rester, il faut devenir moine…

« Les amis, dit Petroyannakis, demain, soirée à Sitia, je vous offre ma tournée de loukoumádès. »

Ah, les loukoumádès… Un rêve : des beignets avec du miel – notre miel de thym. Seulement, c'est très règlementé : tout le monde ne peut faire des loukoumádès, à cause de la friture… Les plus proches se trouvent à Sitia, on ira demain, on traversera la montagne, à travers Palékastro ….

« À Sitia, demain ! crions-nous.

— En revenant, on passera par Lastros voir le peintre et prendre l'huile de Remediakis, à Kavoussi ; on fera ça avec tout le monde, on dominera la mer ! » chante Stavros.

Et tous, nous entonnons *Sto Perigiali* de Mikis Theodorakis – un Crétois…

Et voilà, ici, c'est ainsi, nous vivons entre nous… crétois ou pas. La vie s'écoule au rythme des saisons, des moissons, des récoltes de fruits, des vendanges, la tsikoudiá, les orangers, les citronniers, les grenadiers, les amandiers et nous allons à la pêche. Si, un jour, vous passez par chez nous, demandez Xaridismos Kakoulakis, le pêcheur d'éponges… – JML

MÉDITERRANÉE : LA MER DES BATAILLES

Texte du **CV Yann Briand**

Depuis l'Antiquité la Méditerranée est un trait d'union entre les peuples mais aussi un théâtre tragique. Entre réchauffement climatique, crises migratoires et guerre en Ukraine, la Grande Bleue n'est plus une mer pacifique : passage en revue de ses nouveaux enjeux.

Alors que la Méditerranée ne représente que 1 % de la surface des mers, elle met en relation 22 pays représentant un total de 520 millions d'habitants. L'expression latine « *mare nostrum* » y conserve tout son sens. Des nombreuses escales que j'ai eu l'occasion de réaliser dans ses ports, de Barcelone à Alexandrie, en passant par Beyrouth ou Antalya, j'ai retenu, malgré d'indéniables différences, un fil conducteur. Nous partageons des habitudes, des saveurs ou, au détour d'une rue, des éléments d'architecture. Depuis l'Antiquité, ce superbe trait d'union, riche de multiples opportunités, est aussi un terrible théâtre de compétitions, de guerres et de déchirements. Si le centre de gravité géopolitique et économique s'est déplacé en Asie, vers une « nouvelle Méditerranée » s'étirant de Singapour à Vladivostok[1], cette mer que l'on disait être « un laboratoire de la mondialisation » devient chaque jour en peu plus un concentré des facteurs de dérèglement du monde. Notre « grande bleue » est un des chaudrons d'où émerge un nouveau cycle géopolitique – dont la crise ukrainienne n'a fait qu'accélérer la naissance –, tout en restant une artère vitale pour le commerce mondial et une source importante d'approvisionnement en hydrocarbures.

1. François Gipouloux, La Méditerranée asiatique : XVIe-XXIe siècle, Paris, CNRS Éditions, coll. « Biblis », 2018 – livre dont je vous recommande chaudement la lecture.

Des tendances lourdes observées avant même la crise ukrainienne

Après la chute du mur de Berlin, dix années de missions de maintien de la paix, suivies de vingt autres de lutte antiterroriste, nous observons un net affaiblissement du droit international et un retour à une compétition débridée entre puissances mondiales, mais aussi régionales, qui s'est traduite notamment par un niveau inédit de réarmement naval. Pour les Marines occidentales, la mer n'est ainsi plus le sanctuaire à partir duquel elles peuvent conduire en sécurité leurs actions vers la terre.

Autre fait marquant de notre époque troublée, les technologies, civiles ou militaires – elles sont d'ailleurs souvent duales –, évoluent extrêmement rapidement – « *new space* », technologies numériques, drones, robotique et intelligence artificielle. Au moment où ces technologies génèrent des effets de bascule majeurs dans le monde économique, qui les met en œuvre sans délai, il serait très imprudent de croire que les opérations militaires fussent à l'abri d'aussi puissantes transformations. Le domaine de l'information, *via* l'emploi exponentiel des réseaux sociaux, est au cœur de ces évolutions. La bataille se joue aussi dans le champ des perceptions.

Après deux années de crise liée à l'épidémie de Covid-19 et une remise en cause d'un modèle économique pensé pour un monde sans crise majeure – Chine « atelier du monde », absence de stock, dépendances énergétiques et alimentaires résultant d'une trop faible diversification des pays fournisseurs, analyse des investissements étrangers sous un prisme uniquement économique et non également géopolitique –, à des degrés divers, les États riverains de la Méditerranée abordent les défis à l'horizon en étant déjà fragilisés.

Cette situation génératrice de tensions entre États survient à un moment où les impacts du dérèglement climatique et des atteintes à la biodiversité sont chaque jour un peu plus perceptibles, avec des conséquences attendues dans le champ géopolitique – renforcement de la volonté de prédation des ressources halieutiques de nos ZEE[2] –, alors même que nous devrions pouvoir nous mettre autour de la table pour faire émerger des projets internationaux ambitieux. La dynamique lancée par le président de la République au travers du One Ocean Summit – à Brest, du 9 au 11 février 2022 – et qui se poursuivra notamment *via* le sommet de l'ONU de Lisbonne, fin juin, est néanmoins une lueur d'espoir pour la préservation des mers et des océans – dont la Méditerranée, où les défis restent nombreux.

La rupture que représente la guerre en Ukraine

À bien des égards, si elle prolonge les tendances observées, l'invasion de l'Ukraine, guerre au cœur de l'Europe d'une ampleur bien supérieure aux crises dans les Balkans, représente néanmoins une vraie rupture. Il faut malheureusement y voir la fin d'idées généreuses devenues illusions : le libéralisme économique entraîne la démocratisation ; les interdépendances économiques et financières empêchent les conflits ; le modèle démocratique de l'Union européenne (UE) entraînera, par la vertu de l'exemple, nos voisins et partenaires à adopter un modèle similaire.

Cette guerre a rappelé la place essentielle de la dissuasion nucléaire dans l'équilibre des rapports entre puissances. Dès les premiers jours de l'invasion, elle s'est imposée dans le dialogue entre le Kremlin et les Occidentaux, avec, de part et d'autre, des déclarations et des décisions impliquant notamment des moyens mis en œuvre par les Marines des États concernés – appareillage de SNLE[3] russes de la flotte du Nord, suite à la décision de Vladimir Poutine d'augmenter le niveau d'alerte des forces nucléaires.

Il nous faut faire le constat amer que notre sécurité ne repose plus principalement sur le droit international – siège permanent au Conseil de sécurité des Nations unies, convention de Montego Bay sur le droit de la mer –, mais sur une sécurité « physique » et des alliances militaires robustes. À cela s'ajoute sans doute la volonté d'une remise en cause du leadership occidental par un certain nombre d'États.

Pour autant, si les points évoqués sont particulièrement sombres, l'invasion russe a aussi été le déclencheur d'un engagement, encore inenvisageable il y a peu, de l'UE et des États européens pour leur sécurité et pour le soutien des Ukrainiens – financement d'armes par la Commission à hauteur d'un milliard d'euros, augmentation du budget allemand de la défense vers les 2 % du PIB national et mise en place d'un fonds spécial pour la Bundeswehr de 100 milliards d'euros.

À une échelle moindre, concernant la Marine, le groupe aéronaval a prouvé toute sa pertinence en se redéployant vers la zone de crise, basculant en moins de trois jours d'une mission de lutte contre le terrorisme

2. Zones économiques exclusives – avec 11 millions de kilomètres carrés, la France détient la deuxième zone maritime mondiale.

3. Sous-marins nucléaires l anceurs d'engins.

au-dessus de l'Irak aux patrouilles aériennes en protection de la Roumanie, dans un environnement naval en Méditerranée – rendu particulièrement tendu et complexe par la grande concentration de bâtiments de combat russes.

So What? Quelles conséquences pour la Méditerranée ?

Avant même la crise ukrainienne, la Méditerranée était un concentré de défis sécuritaires : des transitions démocratiques inachevées dans plusieurs États – fragilisé dans le cas de la Libye, par de fortes ingérences internationales –, un islam radical et un terrorisme djihadiste présents à des degrés divers, des enjeux migratoires fort alimentés par l'instabilité de pays africains et moyen-orientaux, et les conséquences du dérèglement climatique, un trafic de stupéfiants en augmentation, des tensions interétatiques non résolues – Maroc/Algérie, Turquie/Chypre/Grèce, dont la contestation des ZEE sur fond de prospections gazières, Israël/Liban – et une guerre civile syrienne qui se poursuit après plus de dix années de combat et de souffrance des populations.

À ces enjeux sécuritaires s'ajoutent des facteurs de déstabilisation environnementaux. Le changement climatique, la forte urbanisation et les pollutions représentent une menace pour la productivité agricole, le niveau des ressources en eau et la biodiversité. À ce titre, la température de la Méditerranée a augmenté de 0,7° C sur la dernière décennie, soit bien plus vite que toutes les autres mers. Le réchauffement de l'eau induit une diminution de son oxygénation ; ce qui a un fort impact sur l'habitat marin et les ressources halieutiques. La population vivant sur ses pourtours a été multipliée par près de 1,5 entre 1970 et 2000. Une accélération de ce phénomène est prévue par l'ONU d'ici 2030. La disponibilité d'eau douce pourrait chuter de 15 % d'ici vingt ans, augmentant le stress hydrique – moins de 1 700 mètres cubes par habitant par an – jusqu'à créer ponctuellement une « rareté de l'eau » – moins de 1 000 mètres cubes par habitant par an. L'eau potable se concentre, pour près de 70 % du stock, dans les pays tempérés – France, Italie, Turquie – ; ce qui pourrait être générateur de tensions entre pays du bassin méditerranéen.

Dans ce contexte déjà particulièrement fragile, la guerre en Ukraine rend l'équation méditerranéenne encore un peu plus complexe. La Russie devrait sortir affaiblie de cette crise, ne conservant comme outils militaires globalement intacts que les forces nucléaires et la Marine. Elle devrait ainsi, avec ses navires et sous-marins, pouvoir conserver un rôle de perturbateur sur un arc Arctique/Baltique – Atlantique – Méditerranée – mer Noire. En revanche, il est probable que la Chine en sorte renforcée. À la tête d'un groupe d'États favorables à une remise en cause du leadership occidental, elle pourrait chercher à pousser son avantage en déployant sa Marine au-delà de ses zones habituelles d'opérations, que sont le

Le changement climatique, la forte urbanisation et les pollutions représentent une menace pour la productivité agricole, le niveau des ressources en eau et la biodiversité.

4. Forum de coopération entre les deux rives de la Méditerranée occidentale, réunissant cinq États de la rive sud – Algérie, Libye, Mauritanie, Maroc et Tunisie – et cinq de la rive nord – France, Italie, Malte, Portugal et Espagne –, favorisant les échanges sur les enjeux sécuritaires communs – terrorisme, flux migratoires et trafics notamment.

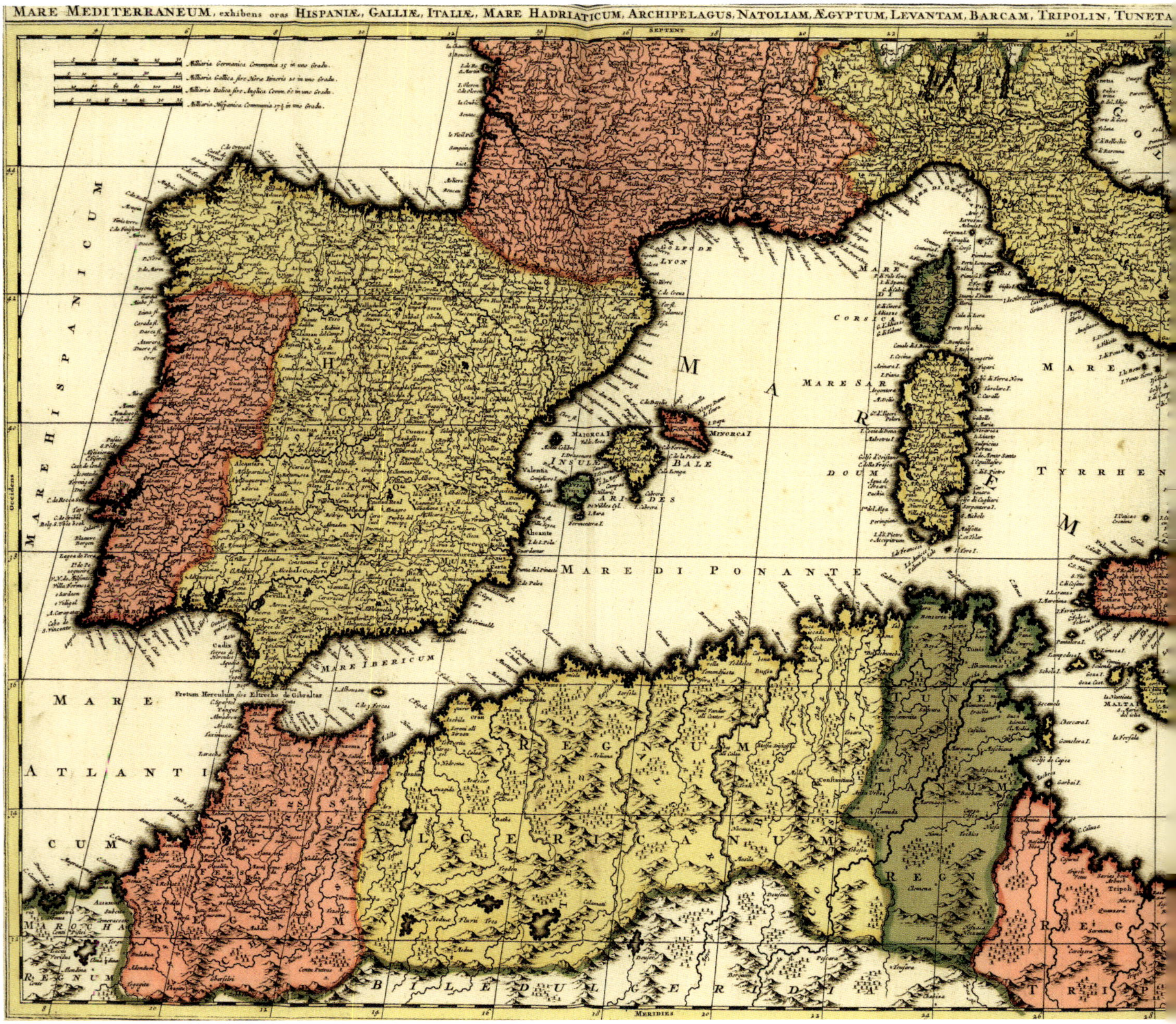

nord de l'océan Indien et la mer de Chine. La Méditerranée, à l'extrémité occidentale des « routes de la soie », pourrait connaître une présence renforcée des unités chinoises.

Le salut par les alliances et les partenariats

Dans ce contexte instable, un risque croissant de dérapage – souhaité ou non –, voire d'escalade, susceptible de prendre la forme d'un affrontement naval bref et violent, se fait jour. Les étincelles à l'origine d'un tel affrontement peuvent être multiples et ses répercussions potentiellement stratégiques. La Marine, tout comme le reste des armées françaises, s'y prépare.

Pour autant, les enjeux sont tels qu'ils ne pourront être résolus sans le maintien et le développement d'un réseau de partenariats et d'alliances puissant et étendu. L'Otan et l'UE bien sûr, mais également d'autres types de coopération, telle que l'initiative 5+5 Défense[4], comme un pont entre les deux rives de la Méditerranée.

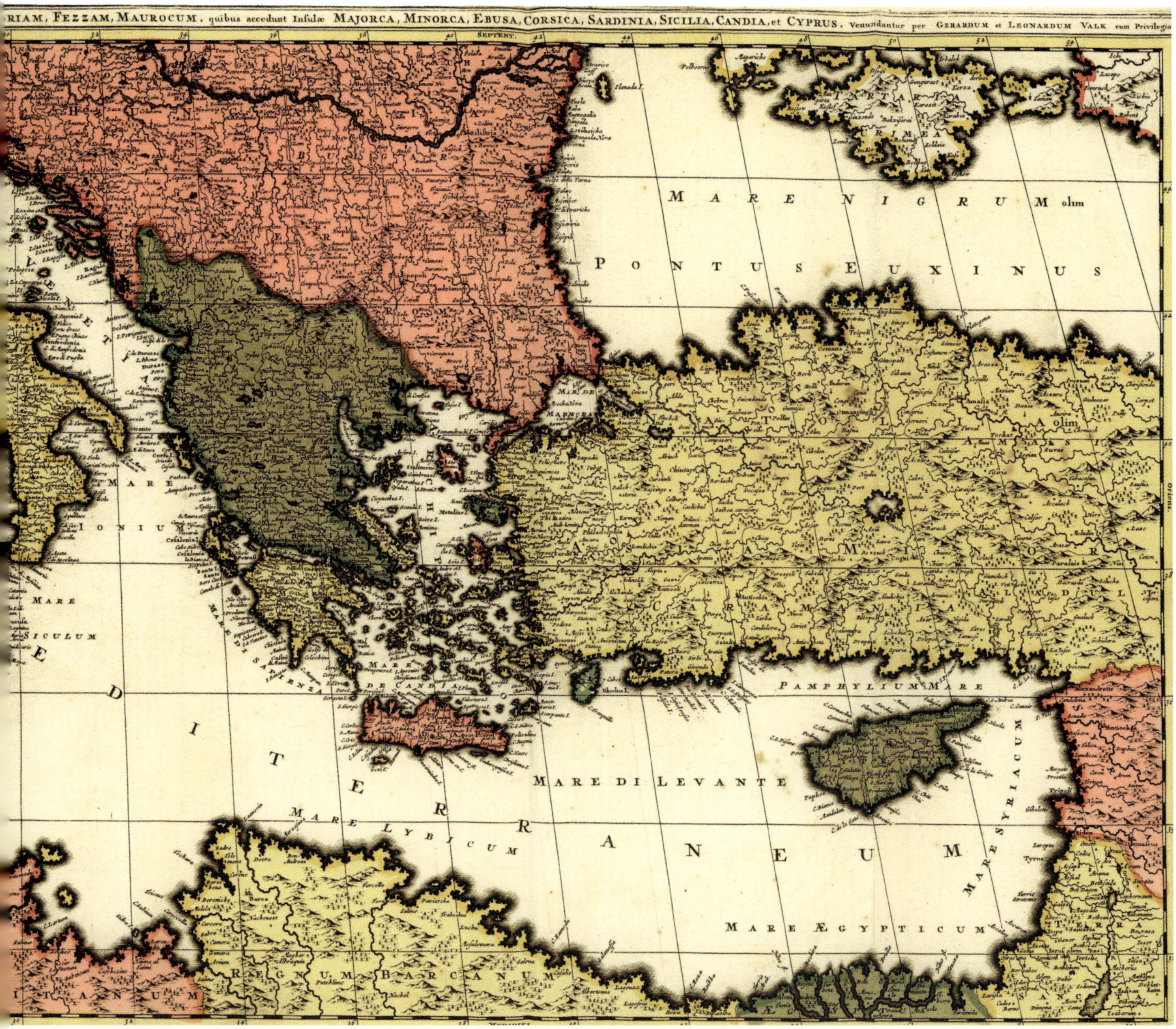

Selon les perspectives inquiétantes de cet article, il est probable que ce ne soit pas la lecture la plus insouciante de *Latitude Mer*. Pour autant, loin d'une approche « *Don't look up* », il me semble essentiel que chacun soit pleinement informé des défis maritimes de la Méditerranée, afin de mieux comprendre les décisions qui pourraient être prises et les efforts demandés. La Méditerranée restera la mer des batailles. – YB

En ouverture : 17 mars 2022, mer Méditerranée. Manœuvre conjointe des groupes aéronavals français (*Charles de Gaulle*), américain (*Truman*) et italien (*Cavour*).

Ci-dessus : Carte de la mer Méditerrannée en latin, 1695.

ANITA, PIERROT et le *Bois-Rosé*

Gwenaëlle Abolivier

Photographies de **Anita Conti**

Pierrot a fait le « grand métier » de terre-neuvas, mais il a navigué aussi avec la grande Anita Conti. Souvenir, souvenirs ! Ça va tanguer. « C'était comme à la guerre. »

En ouverture :
Pont du *Bois-Rosé*.

Page 94 :
Instant de repos.
Le jeune « matelot léger »
Pierrot Desjardin,
sous le gaillard, 1952.

Page 95 :
Eugène Recher,
le capitaine et Pierrot
Desjardin au ramendage,
réparation des filets
de pêche.

C'est l'histoire d'une photo argentique : un jeune homme, beau comme un ange, coiffé d'une casquette de laine, les yeux aimantés par le large. La mer et le ciel sont si vastes. Qui est ce gamin à peine sorti de l'enfance avec, autour de lui, l'océan qui se gonfle et se veine ? Il fait partie de cet équipage parti des mois en pêche, sur les bancs de Terre-Neuve. C'est ainsi que je l'ai recherché. Sur les quais de Saint-Malo, j'ai guetté le retour du *Grande Hermine* ; à Miquelon, je suis montée à bord du *Béothuk* et sur l'île aux Marins, j'ai demandé : « L'avez-vous seulement vu ? » Des îles Lofoten au Spitzberg, je l'ai poursuivi. Sous les aurores boréales, j'ai respiré l'odeur puissante du *stockfish* séchant sur les grands tréteaux en bois, questionné celles et ceux qui vivent dans le balancement des marées – toujours avec, dans ma poche, le petit carton rose tracé de l'écriture pointue d'Anna, ma grand-mère ; un talisman où elle avait inscrit le nom d'un marin pêcheur revenu de ces latitudes septentrionales. C'est lui, peut-être lui ? Cette quête est devenue une navigation. Je me suis glissée dans le sillage de ce poisson migrateur.

À Concarneau, le jour où j'ai salué Anita Conti, tout est tombé en place. Anita, la seule femme à avoir accompagné les terre-neuvas partis en Arctique pêcher la morue et qui a documenté, – par des clichés extraordinaires –, leurs gestes, leur quotidien dans la furie des flots et la morsure du froid. Elle a si bien raconté l'ardeur de leur vie sur mer et dans la violence des embruns. Puis, en 2018, Laurent Girault-Conti m'a mise sur la piste de cette image qui sent le sel et le mucus, la mer et la fatigue. C'est Anita qui a photographié ce gamin au regard diaphane : Pierre Desjardins. Le jour même, j'étais en route, direction Fécamp. Il faudrait toujours être en route vers la mer. L'air est clair et les goélands font les fous dans le ciel d'automne. Je vais à la rencontre de ce matelot pour me rapprocher d'Anita car cette quête s'est mêlée à mon désir souverain de mieux connaître cette aventurière, cette femme-totem.

À la fois océanographe et écrivaine, Anita Conti, femme multiple, vouait un amour inconditionnel à la mer et à la vie en mer : elle était fascinée par les éléments et leur puissance – la seule certainement à avoir vécu le « grand métier ». La joie dans son sourire cache une mélancolie qui imprègne ses poèmes. Elle consacre une amitié naturelle au peuple des pêcheurs ; ces « pauvres bougres », comme elle l'écrit. Les marins pêcheurs, les femmes tout autant que les hommes, continuent de faire un métier parmi les plus durs au monde. Je suis touchée par son engagement pour les océans. Dès 1934, Anita Conti dénonce la surexploitation aveugle des fonds marins et le gaspillage. Avant-gardiste, elle se demandait comment préserver les espèces tout en continuant de pêcher. Il faudra attendre le début des années 1950 pour réglementer le maillage minimal des chaluts, alors que les fonds sont particulièrement détruits et que les « faux poissons », comme les chats et les balais, sont rendus à la mer. Ce sont les capitaines et les armateurs qui encourageaient au rendement. Et puis la morue a cessé de donner : le pillage des stocks a conduit à la quasi extinction de l'espèce.

Pierre Desjardins habite à la sortie de Fécamp, dans une HLM fichée au pied de la falaise de craie. Il m'attend, accoudé à la fenêtre de sa cuisine ouverte comme le sabord d'un navire. J'ai tout de suite aperçu la douceur de son regard, poli par les embruns et une vie passée sur le tapis du grand large. Nous nous sommes reconnus comme ceux appartenant au grand équipage des gens de mer : ceux qui vivent de la mer, ceux qui l'aiment, ceux qui la désirent. La mer est une fraternité. Pierre Desjardins, dit Pierrot, est l'un des derniers terre-neuvas à pouvoir encore témoigner de la grande pêche et d'un embarquement avec Anita Conti. À lui seul, Pierrot est un trésor immatériel, une mémoire vivante d'une époque qui n'est plus. Il me le confirme : c'est bien lui, debout sur le gaillard avant du *Bois-Rosé*. Épuisé, il vit un instant de répit dans la lutte et le chaos des vagues. L'horizon paraît vide. Nous sommes en 1952, en mer du Labrador, direction le Groenland. À bord, il n'avait pas le temps de penser. C'était juste le temps du chalut. Le chalut qui filait, le chalut qui raclait et ratissait la terre sous-marine. Et, tout autour des hommes, un cercle d'eau. Soixante-dix ans se sont s'écoulés et Pierrot est toujours vaillant, quoique le souffle court. En cause : l'amiante respiré, entre deux embarquements, sur un chantier à Épouville. Pierrot Desjardins est né à Fécamp, le 28 avril 1935, et a vu quasiment tous ses camarades disparaître – « Tout ça, c'est mort. » Il est l'aîné de dix frères et sœurs. Son père a navigué trois ans comme maître d'hôtel à bord de l'*Aspirant Brun* et du *Volontaire*, avant d'entrer à la distillerie Bénédictine. Sa mère était couturière. Pierrot a fréquenté l'école Jules-Ferry. Pendant la guerre, la famille a été évacuée à Ypreville-Biville, mais descendait souvent à Fécamp pour se doucher à l'hôpital. À quatorze ans, il devient apprenti tapissier, pour faire plaisir à sa mère qui refusait qu'il navigue ; elle qui avait grandi sans voir son père, parti des mois sur les trois-mâts. Elle voulait son fils auprès d'elle, mais l'appel du large fut trop fort. Il a abandonné matelas et sommier pour l'océan. Partir à la pêche, il n'y avait que cela qui comptait. Tout Fécamp vivait au rythme des déchargements de morue verte. En mai 1950, sa mère l'a accompagné pour rencontrer Louis Ebran, dit « Cadet », et, en juin, il a embarqué comme mousse, sans passer par l'école. Il a appareillé avec une botte de paille, deux couvertures et des mitaines tricotées par sa mère. Après, cela n'a plus cessé, pendant quarante ans jusqu'à la retraite.

Son premier voyage a duré un mois sur *Élisabeth Marie*, en mer Blanche, à chasser la morue fraîche, ou « morue verte », gardée dans le sel. À l'époque, les navires à vapeur faisaient escale à Cardiff pour se ravitailler en charbon. Huit jours de mer, par vent d'ouest, c'étaient 17 tonnes de charbon brûlées pour toucher le plateau continental de Terre-Neuve. Non loin du cap Nord, ils furent victimes d'une avarie de machines. Entouré par les glaces, le chalutier n'était plus qu'une bouilloire fumante qui dérivait dans les fjords. Tobby, le chien du bord, fut brûlé vif et l'un des chauffeurs, un vieux rusé de Saint-Valéry, en réchappa enfoui sous le combustible. L'équipage mit le feu volontairement aux paillasses avant d'être secouru par le canot et remorqué jusqu'à Hammerfest. Désormais, l'horizon lui appartenait. Pierrot enchaîna comme novice sur l'*Angelus*, un chalutier classique donné en dommage de guerre par les Américains. Ce navire emmagasinait jusqu'à 1 200 tonnes de morue. Les campagnes à Terre-Neuve duraient de trois à cinq mois. À son retour, une petite sœur était née. Et puis, de 1952 à 1954, les embarquements se succédèrent sur le *Bois-Rosé*. C'est lors du deuxième voyage qu'Anita Conti a réalisé ces fameux clichés. Pierrot se souvient de la discrétion d'Anita Conti ; toujours souriante et gentille avec eux. Bien sûr qu'il la trouvait belle. Elle portait un ciré et un foulard sur les cheveux. Des gants de laine aussi. Elle n'est jamais venue dans le poste voir les hommes ; peut-être une fois un dimanche quand l'aumônier est descendu de l'*Aventure* – une frégate qui servait de navire d'assistance pour dire la messe. Les hommes étaient contents de recevoir du courrier et de se reposer un peu : « Qui veut aller à la messe ! » Pierrot ne la voyait quasiment pas. Une fois, elle est montée en pleine nuit dans le mât avec son Rolleiflex. Une vraie acrobate, un génie de l'air. C'était un peu leur mascotte. Sinon, elle était soit au carré des officiers, soit dans la chambre des cartes avec Marc Lagniel, le radio qui veillait sur ses appareils T.S.F., ou à la passerelle avec Eugène Recher, le capitaine qui se tenait en chaussons à la barre. Il était d'Yport comme Jeannot, son frère, l'auteur du *Grand Métier* – un récit culte qui raconte leur vie en mer. « Eugène n'était pas un rigolo. Il râlait, il bégayait, il grognait après son navire : "Bateau de rivière !" » Il était dur aussi envers les hommes pour ne pas qu'ils « prennent du pied ». Entre lui et Anita, « c'était chien et chat ».

Quand les hommes arrivaient « sur le métier », plus rien ne comptait que le poisson. Ils n'avaient pas le temps de parler. « C'était comme à la guerre. » Le pont était grouillant de vie capturée. Ils n'arrêtaient jamais, de nuit comme de jour. Pas de loisir, pas de dimanche. Ils travaillaient quasiment tout le temps avec seulement quatre heures de sommeil, et tout recommençait encore, avec en permanence un œil attentif les uns pour les autres. Sans aucune plainte. Des durs au mal. « On n'en est pas mort », rigole Pierrot. Sans intimité, sans douche, à dormir tout habillé à même la coque. C'était le temps de la morue généreuse, que les pêcheurs du monde entier venaient capturer par tonnes en Atlantique Nord. Bien sûr qu'il a vécu la belle époque de la surabondance. Le cirque était plein, plein, plein. La mer était si riche que les hommes la pensaient inépuisable. C'est sa vie, toute sa vie ; une vie dans le sel et l'humidité, dans la rudesse et la brutalité de la pêche. Une vie heureuse et misérable dans le grondement incessant de la mer, dans les plis de la brume et le froid des « growlers » – ces redoutables morceaux de glace. Brume, brume, brume, cornet de brume. Il ne faut pas compter toutes les nuits passées loin de chez soi, ballotté comme un bouchon sur l'océan. Pierrot est si fier d'avoir fait partie du *Bois-Rosé*, un chalutier classique qui filait par le travers et tenait bien la mer : « Bon rouleur, bon marcheur. » Jeune homme, il a tout vu et ressenti des tempêtes qu'Anita a fixées sur ces clichés. Au-delà du soixantième parallèle nord, sous un ciel de ouate, il a vu les forêts de mâts et tout entendu des coups de poker menteur : en russe, en canadien, en portugais et dans toutes les langues parlées pour interpréter les positions. Sur quels bancs sont-ils ? Que pêchent-ils ? Tous ces bateaux croisés sans les voir, qui glissaient dans les voiles des jours sans fin – les bancs étant parfois éloignés entre eux de plusieurs heures de route. Anita en avait profité pour saluer le *Viking*. Et, tout autour d'eux, dans une lumière vaporeuse de soleil de minuit, les chalutiers poursuivaient leurs destinées, sillonnant entre les icebergs. Dans l'air glacé, les baleines apparaissaient.

« Mon corps (...) bardé de ciré, rien ne pouvait m'atteindre que le vent sur un visage nu, dégoulinant d'eau froide et fou d'un plaisir terrifiant. » Anita Conti

C'est là, en appui sur le rebord du monde, que Pierrot a participé à cette chasse sauvage, à la fois danse primitive et carnage sanguinaire. En veux-tu, en voilà du poisson remonté par brassées. La morue était leur obsession. Le chalut en chanvre de Manille et sisal d'Afrique léchait et labourait l'invisible fond et, dans un jaillissement d'écume, surgissait dégoulinant et gonflé de 10 000 à 12 000 kilos de morue. Sa gueule était soutenue par des diabolos en bois et métal ; flotteurs enfilés comme des perles géantes. D'un seul coup de la main, le largueur libérait le cul du chalut, protégé d'une peau de vache chromée et fermé d'un nœud de raban : un nœud exceptionnel, capable de résister à une pression énorme et qui sautait aussi vite. Le chalut, gigantesque boule, se déversait sur le pont et la tuerie débutait, sans pitié, à la lueur des cargos : les projecteurs éclairant sans relâche le pont et les parcs – « C'était le bal de nuit. » Anita parle de cette « boucherie industrielle » dans une logique de rendement, d'une organisation du travail à la chaîne, en rythme et en cadence, dans les gerbes d'embruns, de sang et de viscères. Ébreuilleurs, étêteurs, trancheurs, laveurs, ils sont tous là dans une fascination et une joie totales. Chacun à sa tâche avec le même objectif : sortir du bouillon le plus de poisson et remplir les cales. Ils ne gardaient que le poisson élu. Il y en avait tant qu'ils rejetaient à coups de pique le petit et le faux poisson : faux carrelet, faux flétan – ce que critiquait ouvertement Anita Conti. Au Labrador, Pierrot se souvient que, parfois, le poisson gelait sur le pont, alors il était éjecté à la mer. Ni vu ni connu.

Pierrot est de ceux qui ont connu la haute mer, loin derrière l'horizon, une fois que le navire morutier a coupé le cordon avec l'Europe et fonce dans la nuit noire. Il a vécu tous ces mois et toutes ces années, debout campé sur le pont, dans une odeur intense, douché par une eau glaciale et lavé par le grand vent. Là encore, sur une autre photo, je reconnais Pierrot : dix-sept ans et le visage glabre. Il ramende le filet avec le capitaine, coiffé d'une casquette de marin, cigarette aux lèvres. Je pense aux enfants graviers originaires de l'intérieur de la Bretagne, envoyés des saisons à Saint-Pierre-et-Miquelon pour retourner les poissons sur les champs de pierres. Ils subissaient les violences et la maltraitante des maîtres de graves qui relayaient l'exploitation des armateurs. La discipline était dure envers les mousses. Tout gamin, Pierrot se souvient d'avoir été giflé car il avait tutoyé un lieutenant qui revenait d'Indochine. Pierrot n'a d'ailleurs pas voulu que son fils navigue : « Trop de misère. » Pierrot regarde les photos prises par Anita Conti – pour lui, son album de famille. Il reconnaît ses copains de bordée : Ignias Isaak, ébreuilleur ; Bernard Desmaret, premier lieutenant ; la Zoute, trancheur ; Jacky Marcotte ; Bouboule ; Claude Deschamps, chef gogotier ; Scarface ; la Police ; Bernard Marcotte. « Tout ça, c'est mort », répète-t-il. À bord, Pierrot était matelot léger. Il fut un temps décolleur. Il y avait aussi les mousses qui « grattaient les carottes », lavaient « d'une baille d'eau » de mer et enlevaient les tripes. Pierrot a conservé son couteau pointu : un vrai rasoir qu'il affûtait à bord. Il possède encore des pierres qu'il utilise en cuisine. « C'est comme tout, il faut du métier. » Morues égorgées, fendues au couteau et vidées vives et à pleines poignées. Le décolleur décapitait entre deux vertèbres, puis le trancheur avec sa lame courbe décollait l'arête centrale. « Pour être trancheur, il fallait trancher 600 morues à l'heure, sinon vous étiez aide trancheur ! »

Tête, arêtes, vertèbres, tout volait. Un véritable carnage avec les « houaros » en embuscade : les goélands à manteau noir qui crient sous un ciel boréal et annoncent la proximité des bancs. C'était la « volaille » qui était capturée et préparée en ragoût pour améliorer l'ordinaire avec de la gnôle, midi et soir, et du thé avec du rhum. Les mousses ramassaient les foies de morues pour l'huile. Il fallait être vif pour attraper les langues, les cœurs et les joues. Tout le monde ne pouvait pas le faire. Une fois le poisson aplati, revenait la délicate tâche de Jules, le chef saleur : entasser tout le butin et le stocker avec soin dans la cale. La morue était traitée avec mille égards. Elle était élevée au rang de déesse.

En juin 1989, Pierrot a revu Anita lorsqu'elle est venue vivre rue de la Plage, à Fécamp. Ils sont tombés dans les bras, l'un de l'autre, et ont pleuré. Après, ils ne se sont plus quittés ; toujours à se voir et à se souvenir.

Pierrot ressent encore l'ambiance de l'été polaire, le chant plaintif des câbles, le vent incessant dans les haubans, le souffle haletant de la machine à diesel. Il y avait aussi le relais des bordées : de pêche, de veille, de couche ; les heures à attendre. Patience, patience et toute la tension d'une lutte pour eux et leurs familles. Seul un coup de chien pouvait stopper ces journées harassantes, pour le plus grand bonheur des hommes qui pouvaient enfin se reposer. C'étaient « les marées de paradis », les meilleurs moments à bord. Ou bien quand le capitaine décidait de débarquer. Rares étaient les escales. Ils n'avaient pas le droit d'être malades : en cas d'engelure, les doigts de pieds étaient coupés à bord. Un jour, un matelot a eu une crise d'appendicite aiguë. Le capitaine a été obligé de faire cap sur St. Anthony, à l'extrême nord de Terre-Neuve, et tout l'équipage s'est fait sermonner. C'était une vie vêtue d'un suroît jaune, graissée à l'huile de lin, des bottes et des gants en caoutchouc, mais une existence de liberté que ces hommes préféraient à une vie à terre, à l'usine avec un contremaître sur le dos. Selon eux, rien ne valait la vie au loin, même s'il arrivait qu'ils s'engueulent à propos des filles – celles qui les attendaient.

Pierrot se souvient d'un soir où des milliers d'oiseaux se sont éparpillés et abattus sur le navire ; des « satanides » disaient les matelots – avec des ailes et un bec long. « Pas assez charnus pour être mangés. » Anita en a élevé deux qu'elle avait surnommés « bec au chaud » et « bec au froid ». C'étaient ses petits compagnons. Ils vivaient dans sa chambre avec un gros guillemot que les matelots avaient capturé et lui avaient offert dans une caisse. Anita devait les rapporter vivants à Paris, selon une commande du Muséum national d'histoire naturelle. Un autre jour, ils ont pêché trois requins-pèlerins. Le capitaine eut l'idée d'un petit film dont le *pitch* tenait en une ligne : « Le capitaine Recher fend le ventre de la Bête et délivre la Fille de la mer qui tient dans une main un guillemot ! » Un requin fut hissé par la queue, un matelot a ouvert son flanc, les lourdes entrailles – dont un foie de 150 kilos – ont dégringolé sur le pont. Dans une odeur pestilentielle, Anita a attrapé une tripe, s'est glissée tout entière dans le ventre brûlant de l'apocale. Les marins riaient tant et plus tandis que tournait la caméra. Elle est ressortie poisseuse et aveuglée de mucus. Pierrot le dit bien : « Quand on lèche un foie de morue, rien n'y fait, même le savon de Marseille... » Quelque temps plus tard, ils ont fait escale à Saint-Jean de Terre-Neuve pour faire le plein de mazout et de vivres frais. Aux alentours du 10 décembre, selon les conventions, l'armateur a donné l'ordre : « Retour en France. » Pendant huit jours de navigation, les cales lourdes d'une cargaison de 1 000 tonnes, dans la poussière de mer, ils ont brossé, récuré le pont, rangé le chalutier. Quand un matelot a sorti les ciseaux de coiffeur, la tension a commencé à baisser et les sourires se sont de nouveau accrochés aux visages. Leurs pensées étaient tendues vers les regards aimés. Ils seraient deux ou trois mois à terre, à souffler avant de repartir. Au retour des campagnes, pendant quinze jours, c'était la fête sur le port. Les jeunes matelots dépensaient ce qu'ils avaient gagné avec les langues de morue conservées dans la saumure. Pierrot se souvient que sa mère n'avait pas voulu qu'il s'achète un scooter. Il était alors parti huit jours faire la java à Saint-Valéry, avec ses copains. Sous la lumière clignotante, il avait couché sur le billard.

Puis, d'un coup, tout a changé. La mécanisation et la taille des bateaux, de plus en plus performants, avec de nouveaux moyens électroniques, des congélateurs, des sonars offrant la possibilité de pêcher nuit et jour et toute l'année, quelles que soient les profondeurs. Pierrot a refusé d'aller sur ces bateaux-usines qui « virent par le cul ». Il n'a pas voulu voir la pêche en meute où les navires du monde entier se regroupent tous au même endroit. Sûr que la morue a vite été menacée avec cette exploitation intensive des fonds. « À la fin, on ne pêchait plus le poisson, on le traquait. » Tout cela est bien loin et, depuis, le *Bois-Rosé* est parti à la ferraille. Pierrot est de cette histoire qui a commencé il y a cinq cents ans et qui s'est arrêtée net, en 1992, avec le moratoire sur la pêche quand la ressource « a coupé » ; c'est-à-dire qu'elle s'est interrompue brutalement.

En juin 1989, Pierrot a revu Anita lorsqu'elle est venue vivre rue de la Plage, à Fécamp. Ils sont tombés dans les bras l'un de l'autre, et ont pleuré. Après, ils ne se sont plus quittés ; toujours à se voir et à se souvenir. Pierrot a même participé au tri de ses photos. Elle lui en a dédicacé une : « Pour Pierre Desjardins, en souvenir des merveilleuses amitiés qui sont nées en haute mer sur les bancs de Terre-Neuve. » En décembre 1997, quand Anita est décédée, il est allé à la cérémonie. C'était noir de monde. Il était à bord de la frégate de la Marine nationale, avec Jean Recher et les fusillés qui jouaient de la cornemuse. Les cendres d'Anita Conti ont été dispersées dans la baie de Douarnenez, par 4 degrés 25 de longitude ouest et 48 degrés 09 de latitude nord. Depuis, il conserve toutes les coupures de presse et les livres consacrés à la Dame de la mer et des terre-neuvas. Pierrot a un seul regret : de ne pas avoir été invité à l'inauguration du musée Les Pêcheries, à Fécamp. Ce sont ses copains du canot de sauvetage qui l'ont invité. Ensemble, ils sont allés se remémorer leur vie pauvre, mais riche des nuits vibrantes sous la voie lactée, à écouter le tintinnabulement des étoiles – petites planètes tombées comme des sourires dans l'immensité océane. Toute une vie au nord du monde. D'ailleurs, Pierrot n'est jamais allé plus au sud que Douarnenez !

La marée était descendue quand je suis repartie de Fécamp avec, glissé au fond de ma poche, un os de vérité que Pierrot m'a offert ; celui qui tient la gueule de la morue. On l'appelle « otolithe ». D'après lui, cet os contient un peu de l'esprit de la morue et a le pouvoir de divination. Il suffit juste de le jeter en l'air. Hop ! – **GA**

Page précédente :
Anita Conti et l'équipage
du *Bois-Rosé*.

Ci-contre :
Coiffée de son mouchoir
de Caux, Anita Conti
et son guillemot de Troïl
offert par l'équipage.

Double page suivante :
Virage du chalut au long du bord.
Une dizaine de tonnes de poissons
sont hissées sur le pont.

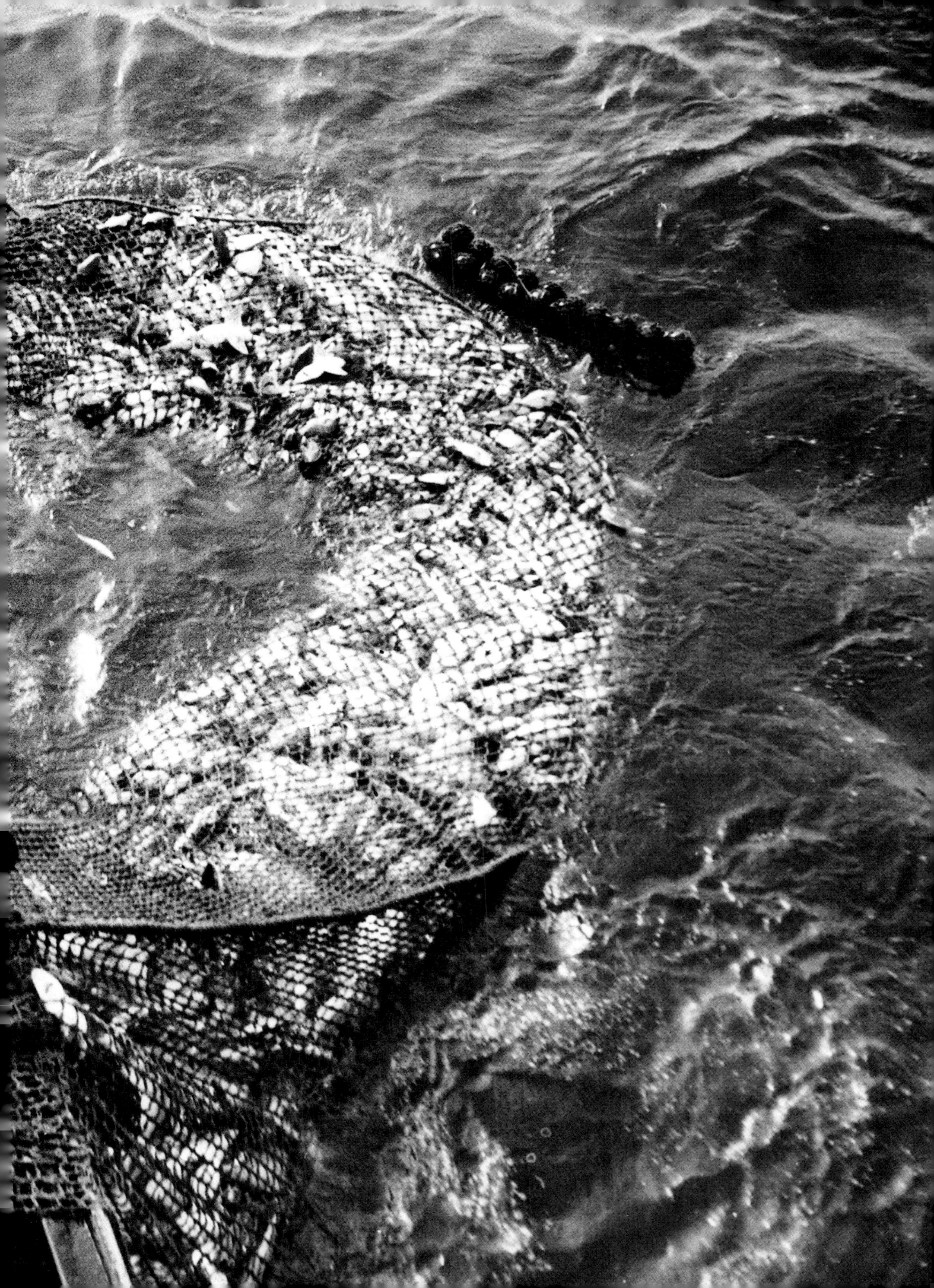

Philosophie du corps

YOGA À GOA

Texte de **Jeanne Pham Tran**
Gravures de **Marion Givaudan**

Le *beach yoga* est le mariage des bienfaits de la mer et de la philosophie indienne. De Goa à Ibiza, de Bali à Koh Phangan, cette pratique a le vent en poupe. Saluons le soleil et l'océan.

Préambule

« Installez-vous en lotus face à la mer. Fermez les yeux. Connectez-vous à votre souffle. Prenez une grande inspiration par le nez et expirez lentement par la bouche une première fois, puis par le nez. Votre corps se détend. Vous sentez l'air salé de la mer qui entre dans vos narines, le souffle du vent sur votre peau et les premiers rayons du soleil. Portez votre attention sur le contact de votre corps avec le sol. Prenez conscience de la façon dont le sable épouse la forme de vos pieds et de vos jambes, du poids de votre corps dans le sable. Soyez attentif aux bruits qui vous entourent, aux odeurs et au goût peut-être, sans porter de jugement. Accueillez ce que perçoivent vos sens comme si c'était la première fois qu'ils découvraient ces sons, ces parfums, ces saveurs... »

Nous sommes sur Mandrem Beach, une plage de l'océan Indien, à Goa – ancien comptoir portugais bordé de cocotiers et couvert de sable blanc. Quelques pêcheurs œuvrent, un paysan passe avec son buffle au bord de l'eau, la mangrove puis la jungle se dessinent en arrière-plan. Je sens l'air salé, le souffle encore frais venu de la mer. 6 heures du matin : le ciel est toujours sombre ; l'heure idéale pour méditer sans être accablé par la chaleur. À la fin de cette séance matutinale, au moment d'ouvrir les yeux, nous voyons apparaître les premiers rayons du soleil à l'horizon : un faisceau de lumière dorée perce entre les nuages qui couvrent la mer argentée. Le bruit des vagues me parvient si fortement que j'ai cru, pendant la méditation, que la mer allait venir me chatouiller les pieds. Les grains de sable collent à ma peau et forment un siège, très dur finalement. Alors que le soleil monte et chauffe rapidement la plage et nos corps détendus, nous commençons la pratique des premières *asanas* – les postures de yoga. S'enchaînent salutations au soleil et à la lune, postures acrobatiques de l'oiseau, de l'arbre ou du poisson...

Découvrir sa véritable essence

On appelle cela du *beach yoga* : l'association si naturelle du yoga et de la mer. Ces retraites ont le vent en poupe. De Goa (Inde) à Ibiza (Espagne), en passant par Bali (Indonésie) et Koh Phangan (Thaïlande), se dessinent les quatre points d'une constellation qui réunit autant les hippies amoureux de la nature, les amateurs de techno,

électro et *trance music*, que les adeptes du yoga les plus assidus – une autre façon de planer, de sortir de soi ou, au contraire, de découvrir sa véritable essence.

Certains viennent de très loin, par avion, pour quelques heures de *beach yoga* au bord d'une mer paradisiaque, accompagnées de massages et repas ayurvédiques ; sans parler des couchers de soleil époustouflants. Mais, en dehors de la beauté des lieux, quels sont les véritables bénéfices de cette pratique ? Et quelles en sont aussi peut-être les contradictions ? Le *beach yoga* serait une nouvelle tendance, très appréciée des « instagrameurs » et autres adeptes du selfie. Serait-on passé du « *sea, sex & sun* » des années 1970 au « *sea, sun & yoga* », plus sage et plus *healthy* ? En pratiquant le yoga sur une plage touristique à l'autre bout du monde, ne s'éloigne-t-on pas de la philosophie même du yoga, de la pratique ascétique de retrait du monde et de retour en soi ?

Peut-on parler d'*ocean therapy*

Les professeurs de *beach yoga* vantent toute une myriade de bénéfices à cette pratique du yoga au bord de l'eau. L'environnement naturel, le roulis des vagues et le pépiement des oiseaux, l'air marin et le soleil, tout semble converger vers un état de présence à l'instant, de bien-être et de méditation. Pourtant, c'est oublier les cris des enfants sur la plage, les aboiements de chiens, les piqûres de moustiques et *sandflies*, la musique à tue-tête des bars de plage, le sable mou qui nous fait perdre l'équilibre à la moindre *asana*, les grains de sable dans les yeux, les coups de soleil, les scooters de mer ; sans parler de la masse des pratiquants qui finissent par former de nouveaux troupeaux de *yogi tourists* aux mœurs très sélectives...

Au-delà de l'éloge béat ou de la condamnation injuste, prenons le parti de l'observation. Peut-on vraiment parler d'*ocean therapy* ? À l'origine de la vie sur Terre, il y a l'eau. Naturellement, son contact sensoriel nous enchante et nous apaise. Jouir de la vue sur mer, éprouver le recommencement permanent de la marée, se baigner et sentir tout son corps régénéré par l'eau salée, humer l'air marin, écouter le murmure des vagues, observer les variations de lumière, apprécier la direction et la puissance du vent, la caresse du sable entre nos orteils et la façon dont il épouse la forme de notre plante de pied. Prendre conscience de toutes ces sensations nous fait entrer dans un état de concentration.

Le yoga « imite » l'océan

Or, la philosophie du yoga est une prise de conscience de notre être au monde, de notre place au sein de la nature, de notre petitesse et de l'inscription de notre existence dans un cycle plus vaste que nous. La présence de la nature alentour, l'immensité des plages océaniques, l'horizon à perte de vue participent de cette sensation de plénitude, de finitude et d'unité. Dans cet environnement, on peut vraisemblablement concevoir que la pratique de la méditation et du yoga se trouve amplifiée, approfondie.

Ce n'est pas un hasard si le yoga se pratique de plus en plus sur les plages, à proximité de la mer. Dans sa pratique physique comme dans sa philosophie, le yoga « imite » l'océan.

Selon les yogas que l'on pratique, le *flow* ou l'enchaînement des postures que l'on effectue au rythme de la respiration varie. Flot, flux, mouvement, ruissellement, écoulement, continuité, cycle sont autant de termes qui décrivent cette longue chaîne de postures et de transitions. On parle de *flow* car il s'agit de faire circuler une énergie. On expire en se penchant en avant ; on inspire en élevant les bras vers le ciel. Le mouvement du corps reproduit la chorégraphie de la mer qui naît, grandit, s'élève, s'enroule, s'étire et se reforme. On a l'impression de voir une vague s'étirer sur la plage, puis s'enrouler de nouveau. C'est aussi une métaphore de la vie : la façon dont nous entrons dans une posture reflète la façon dont nous approchons la vie. Aussi, le yoga peut être interprété comme une manière de nous aider à naviguer dans nos vies avec plus de souplesse, de légèreté, d'habileté, de grâce. La forme de la vague, son rythme, son intensité et son déploiement a plus d'importance que sa destinée ; laquelle ne change point – elle meurt et recommence. La façon dont nous bougeons est plus signifiante que ce que nous faisons ; le chemin plutôt que le but.

Onde turbulente et synergies inconscientes

De plus, la respiration *ujjayi*, « respiration victorieuse » ou « respiration de l'océan », est l'un des piliers du yoga. Cette technique consiste à inspirer lentement par le nez, contracter la glotte, puis expirer sur une durée similaire à l'inspiration. Cela produit un son proche du bruit de la mer au loin. Savoir réguler notre respiration permet de réguler notre état mental, notre activité nerveuse et hormonale. Accorder notre respiration au rythme de l'océan est une façon de se relier à l'univers, de faire battre notre cœur à l'unisson des éléments.

Dans la philosophie indienne, « l'eau fait référence à l'illimité originel, elle est un lieu de passage, de transformation, "celle qui ressource, qui apaise", selon la philosophe et sanskritiste Colette Poggi[1]. Elle forme une masse homogène, animée par de simples courants internes, un peu comme le corps ou la pensée. Une fois au repos, elle peut devenir un miroir céleste. Les gouttes de rosée sont mises en correspondance avec les corps individuels, participant tous de la même réalité. [...] L'eau calme, silencieuse, élément purificateur, lieu de l'immersion dans les profondeurs, lieu de germination, de préservation, peut aussi apparaître dans l'imaginaire indien comme l'onde turbulente (*vritti*) de la pensée, proie des synergies inconscientes (*saṃskāra*). »

Ajoutons que plusieurs postures (*asanas*) ont un rapport avec l'eau : le lotus (*padma*), cette fleur dont les racines sont plongées

1. Colette Poggi, auteure de *La Bhagavad Gîtâ ou l'art d'agir* (Équateurs, 2020) et de *Āsana, voyage au cœur des postures* (Almora, 2021).

En ouverture :
Variantes de la posture du « guerrier ».

Pages précédentes :
Posture du « chien tête en haut ».
Posture du « lotus ».

Ci-dessous :
« Salutation au soleil ».

dans l'eau boueuse et dont la fleur flotte élégante et pure à la surface ; le poisson (*matsyasana*) ; et surtout le cadavre (*savasana*), ou « posture de l'eau ». Dans *savasana*, nous imitons le corps sans vie ou l'eau au repos. Arrêtons-nous sur cette dernière posture qui est celle par laquelle on termine souvent les séances de yoga. Avec un peu d'humour, on pourrait dire que l'on finit « en eau » ; ce qui n'est pas faux car, contrairement à ce que croient les non-pratiquants de yoga, on peut transpirer beaucoup lors d'une séance de yoga, et plus encore au soleil sur une plage ! « Comme l'eau, la mort, en ses divers aspects, peut être considérée comme une puissance de destruction, de dissolution ou de régénération. Et cela se ressent dans le corps même lors d'un abandon profond. [...] Cet abandon repose sur une acceptation d'abandon ; et le fait de perdre quelque chose d'essentiel est parfois lié à un étrange sentiment, celui de rejoindre l'unité universelle », écrit encore Colette Poggi.

Oberver et se détacher

Comme le travail sur la respiration, les vibrations si mélodieuses des bols tibétains sont souvent utilisées pour nous aider à entrer en méditation. Objets de culte dans le bouddhisme, ces « bols chantants » que l'on frappe d'un maillet pour produire un son proche de celui d'un gong ou dont on frotte l'arête de l'extérieur en produisant un mouvement circulaire avec un maillet, ne sont pas sans rappeler le bruit d'un ruisseau tapissé de galets. Ces « massages sonores » nous renvoient à nos vibrations intérieures, à des sons utérins ;

ils favorisent la concentration et calment notre mental comme le va-et-vient cyclique des vagues.

Quand nous arrivons à ce point de communion avec la nature et l'océan, nous nous apercevons que la couleur de l'eau – et du ciel –, sa température, son agitation, sa marée, influencent et imitent nos états d'âme. Dans la *Bhagavad Gîtâ*, l'un des textes fondateurs de la philosophie du yoga, Krishna compare notre « vraie nature » à un océan qui ne serait jamais affecté par les rivières qui s'y jettent. C'est toute la pratique du yoga qui est ici décrite : il s'agit de prendre conscience des fluctuations du mental, ces pensées qui surgissent et s'agitent sans fin dans notre cerveau ; de les observer et de s'en détacher pour trouver l'apaisement de l'âme. Contempler l'océan devient une pratique du cinquième membre du yoga : *pratyahara*, le retrait des sens.

Le yogi, la nature et l'univers

En yoga, on dit souvent que le tapis est le miroir du yogi. La difficulté ou l'aisance dans la pratique, la douleur ou la souplesse reflètent notre psyché, notre état d'âme à un moment donné. N'oublions pas cependant que le yoga est autant physique que mental. Et l'on peut très bien pratiquer le yoga en restant immobile. Faire du yoga, c'est apaiser les pensées qui surgissent et s'agitent sans fin ; c'est accepter que notre mental, malgré tous nos efforts de concentration, continue de se détourner. Dans la pratique physique, c'est accepter que notre corps ne parvienne pas à réaliser toutes les postures. Grâce aux nouvelles sensations qu'il éprouve dans sa pratique du yoga, le yogi va peu à peu comprendre et ressentir qu'il est relié aux autres, à la nature, à l'univers, et que tout est lié. D'ailleurs, c'est la traduction du mot « *yoga* » : « union ».

Face à l'océan, ne pas lutter

Nous avons vu que le yoga est une philosophie, une pratique physique et une expérience spirituelle. Et il me semble qu'il en va de même de l'océan : nager, naviguer, surfer ou simplement contempler l'océan, c'est s'inscrire au sein de l'univers, apprécier l'immensité vertigineuse de la nature, la force extraordinaire des vagues, de la masse aquatique qui se déplace, avance ou se retire au gré des lunes ; c'est accepter les limites de notre corps face aux éléments. Tout concourt au développement de notre spiritualité et à un apprentissage de notre être profond. Ce sont des écoles de connaissance de soi, de nos peurs, de nos limites, de nos frustrations...

Face à l'océan, on ne peut pas lutter longtemps. Les éléments nous forcent à lâcher prise et à vivre le moment présent. Natation, voile, surf, apnée, méditation ou yoga ont ceci de commun qu'ils nous forcent à canaliser notre mental sur le courant, le vent, la vague, les asanas et sur notre respiration. Les contraintes sont nombreuses, les éléments imprévus, le vent peut tourner d'un instant à l'autre. Pourtant, il faut accepter ces changements et fluctuations si l'on veut poursuivre dans notre direction.

Un apprentissage des fluctuations

En yoga, il en va de même avec les postures : il faut accepter les contraintes liées à chaque posture, et les difficultés exacerbées quand on pratique sur une plage. Les pieds et les mains dans le sable, nous sommes certes reliés de façon encore plus intense à la Terre que sur un tapis posé sur une dalle de béton, mais c'est un véritable défi pour l'équilibre des postures. C'est aussi une pratique plus douce où l'on peut s'autoriser des postures inversées plus complexes car nous avons moins peur de nous blesser en tombant. À nous de peser le pour et le contre, de choisir l'endroit qui sera le plus propice à notre pratique.

Que l'on soit sur une plage, dans un pré, dans sa chambre ou dans un gymnase, ce qui importe est notre intention profonde (*sankalpa*), et notre capacité à nous adapter à un environnement donné. Le yoga, comme l'océan et la vie, est un apprentissage des fluctuations. Rien n'est comme hier ; nous changeons, nous vieillissons ; notre état de fatigue et de stress varie, notre environnement aussi. Sortir du sillon des habitudes, découvrir de nouveaux lieux, accorder sa pratique à son milieu, exercer sa concentration, son ouverture d'esprit, sa créativité, font partie de la philosophie du yoga.– JPT

Fantaisie sablière

Flore de Préneuf

Texte de **Adrien Jaulmes**

Le château de sable a été inventé pour ne pas s'ennuyer à la plage. Depuis, il n'a jamais perdu de son utilité. C'est une activité qui n'a rien de dérisoire ; un défi aux éléments, un acte démesuré par sa finitude : la construction la plus éphémère qui soit, dans le matériau le plus simple et le plus abondant, dont le destin est d'être balayée par la mer jusqu'à être définitivement effacée. Le château de sable face à la marée montante est un pied-de-nez à l'inéluctable.

Si sa destruction est sa raison d'être, son style varie selon les types de constructeurs. Le méthodique se munit de matériels : seaux et pelles, parfois même de truelles. Il construit son château le plus loin possible de la mer. Il le peaufine, le décore, l'admire, le photographie, le poste sur les réseaux sociaux ou l'envoie au journal local, regrettant de ne pouvoir le construire dans un matériau plus durable.

Le classique refuse l'extravagance ; il reproduit chaque fois le même château : quatre tours d'angles, reliées par un mur d'enceinte – plan efficace, presque allégorique dans sa simplicité.

Le pratique utilise un seau en matière plastique avec des tourelles crénelées. Rempli de sable humide, il permet de construire un château en le retournant d'un seul coup. Il n'y a rien à reprocher à cette méthode, si ce n'est l'encombrement du matériel.

Le fantaisiste travaille, en revanche, uniquement à la main. Il fait goutter de son poing fermé un mélange de sable et d'eau, amoncelant des flèches de sable qui tremblent dans le vent, fragiles comme des dentelles gothiques, ouvragées comme une cathédrale de Gaudí.

Le naturaliste se fiche de l'architecture : il construit en sable un bestiaire imaginaire – tortues géantes ou monstres marins – avec des dents de coquillages et des yeux noirs de galets.

L'amateur d'histoire militaire profite de la plage pour retracer celle de la fortification. Le modèle le plus simple, construit à toute vitesse, à marée montante, alors que les vagues approchent déjà, ressemble au château des origines : la motte castrale du haut Moyen Âge ; simple monticule sur lequel on pose un donjon. Mais, comme les barons brigands de l'époque, il sent vite la nécessité d'un rempart extérieur, d'une courtine, avec des tours d'angle, puis d'un fossé, de douves que la mer remplira d'eau. Il trouve dans la longue histoire des forteresses, tous les styles, depuis les rondeurs italiennes des tours Martello, construites par les Génois en Corse, et que les Anglais trouvèrent si difficile à prendre qu'ils en bâtirent des répliques tout le long de leurs côtes – Leopold Bloom, dans l'*Ulysse* de Joyce, vit dans l'une d'elles, à l'entrée de la baie de Dublin. Mais le génie de la fortification est, bien sûr, français. Quel meilleur endroit qu'une

plage pour recréer dans le sable les trois systèmes de Vauban, avec bastions en demi-lune, rentrants, contrescarpes et redans ? Ou bien les plans de Montalembert, Choderlos de Laclos ou Séré de Rivières ? Je rêve de bâtir un jour la réplique d'un fortin de la ligne Bar-Lev, ces châteaux de sable grandeur nature érigés par les Israéliens le long du canal de Suez, avant d'être détruits au canon à eau par les Égyptiens pendant la guerre du Kippour.

Mais cette activité littorale est potentiellement infinie. Tant qu'il reste de la lumière et que la marée montante n'a pas recouvert l'estran, accroupi, les mains nues dans le sable humide, le constructeur de château de sable est, sur la plage, le créateur ultime – indifférent aux coups de soleil et au vent qui se lève, à la fois insignifiant et magnifique. – AJ

Photos en noir et blanc :
Plage du Val André, 2005.
Photos en couleur :
Plage du Val André, 2021.

D'où viennent LES LARMES

Clarisse Gorokhoff

Photographies de **Maia Flore**

L'enfant de la haute mer est une nouvelle de Jules Supervielle qui raconte l'existence d'une enfant de douze ans au milieu d'une petite ville perdue dans l'Atlantique.
Elle a particulièrement marqué Clarisse Gorokhoff, l'autrice des *Fillettes*, qui au cours d'un voyage à Brooklyn, une nuit d'un bleu électrique, a croisé l'héroïne qui n'était plus une enfant...

« Il faut deux personnes pour faire un homme,
mais il n'en faut qu'une pour mourir. »
William Faulkner, *Tandis que j'agonise* (1930)

Elle passe en sabots, d'un pas calme ; la Lune dans le ciel, les pavés sous ses pieds. À part elle et les mouettes, rien ne bouge. Où va-t-elle ? Elle marche le long du quai. Qui est-elle ? Elle est petite et frêle. La peau claire, des tâches de douceur – pardon, « de rousseur ». Elle est bien jeune pour traîner seule dans les rues de Red Hook, un soir de mars. On n'est jamais assez vieux pour errer, me direz-vous. L'errance est une démarche partagée – comme la disgrâce ; notre chute à tous rattrapée. Mais je m'égare.

Je la suis. Ce n'est plus une enfant. Elle en a l'aspect pourtant, avec ses nattes et son nez retroussé. Mais elle n'en a plus l'âme – ça se sent. Elle s'arrête et regarde l'océan. C'est drôle et effrayant, normalement. Mais pas ici, pas ce soir. Les vagues sont absentes, il n'y a que l'étendue d'eau, immense et plane, dont la ligne d'horizon percute la verticale Manhattan : *downtown* ; rutilante et guindée comme une femme d'affaires. L'acier s'effile très haut dans le ciel jusqu'à gratter l'Enfer. Quelque chose démange les humains, on dirait. Mais n'y pensons pas, continuons à errer, comme elle, sans trembler.

Je suis tout près, désormais – me voit-elle ? Ça y est, je pense savoir qui c'est. Comme moi, elle a les dents de devant légèrement écartées. Elle ne sait pas que ce sont les dents de la chance – elle n'a encore jamais eu de chance. Comme moi, elle a les yeux bleus, gris, verts ; le regard glauque, qui pourrait se jeter dans la mer et s'y fondre. Comme moi, elle a le front dégagé et des mèches un peu dorées qui viennent, grâce au vent, le fouetter. Comme moi, elle a des joues pour sourire en demi-lune et une langue qui dort sous son palais, mais qui à tout instant pourrait claquer et faire jaillir des vérités – ou de nouveaux secrets. Elle est, je le vois, un mélange de vie triste et de mort heureuse – ou bien l'inverse.

Elle reprend sa marche. Le bleu s'ombrage. Le ciel nous dévisage de son bleu électrique. « Jazz » : c'est le mot qui nous vient à l'esprit. Elle pense à la même chose que moi. L'odeur de l'océan lui rappelle Charles Mingus. Elle ignore pourquoi, elle ne sait même pas qui est cet homme. Et moi, c'est le cri des mouettes désaccordé. J'aurais voulu avoir une voix de contrebasse pour chantonner à son oreille les notes qu'écoutaient chaque soir ses parents – quand elle en avait, et qu'elle s'en souvenait.

Je la reconnais. J'ai passé de nombreuses soirées avec elle. Je l'ai même souvent invitée dans mes rêves. Je ne savais pas comment l'appeler car elle n'a jamais eu de nom, et je n'ai jamais pu entendre sa voix. Mais je l'ai aimée, terriblement... Elle a été ma plus chère et mystérieuse amie ; ma première alliée pour naviguer dans les flots de la vie. Elle se tourne vers moi, me sourit. Je sais parfaitement qui c'est. C'est l'enfant de la haute mer. Je la rencontre enfin. On m'a raconté son histoire, chaque mardi, dans une chambre du XIe arrondissement, le soir avant de m'endormir. Elle est née plusieurs fois, cette enfant, et elle n'est jamais morte. C'est même là tout son drame. Elle a pris naissance dans le cerveau de son père, Charles Liévens, de Steenvoorde, qui pensait très fort à elle depuis sa disparition en mer. Puis, elle est née une deuxième fois dans l'esprit de Jules Supervielle, qui en a fait l'héroïne de sa nouvelle – *L'Enfant de la haute mer* (1931). Et elle continue à naître, encore et encore, dans le cœur de toutes celles et tous ceux qui lisent son histoire, avant d'être happés par les vagues du sommeil.

En ouverture :
Image issue de
la série « D'îles en
lune ». Saint-Malo.

Son histoire est simple : c'est celle de l'errance et de la disgrâce. Je l'ai racontée des centaines de fois, à des cousins, des amis, des inconnus… Comme s'il fallait qu'ils sachent, que tout le monde sache, qu'il y a quelque part, dans le haut Atlantique, un village marin où ne vit qu'une seule personne ; une enfant qui a éternellement douze ans et qui n'a jamais vu d'autre humain que son propre reflet dans le miroir. Chaque jour, elle consacre son temps à faire vivre le village : elle prend soin du drapeau de la mairie, remonte la grande horloge du clocher de l'église, tourne les commutateurs, inscrit la date du jour sur le tableau noir de l'école… Quand un navire débarque au loin et s'approche du village, l'enfant est subitement prise d'un grand sommeil et toutes les rues se retrouvent englouties dans les flots. « Pourquoi ? demandais-je, enfant. Qu'a-t-elle fait ? Pourquoi est-elle condamnée à vivre seule et isolée, comme si elle avait commis le pire des crimes ? » Mais la voix de violoncelle, douce et grave, qui me lisait l'histoire, poursuivait calmement la lecture…

Son histoire est simple : c'est celle de l'errance et de la disgrâce. Je l'ai racontée des centaines de fois, à des cousins, des amis, des inconnus… Comme s'il fallait qu'ils sachent, que tout le monde sache, qu'il y a quelque part, dans le haut Atlantique, un village marin où ne vit qu'une seule personne…

Peu à peu, l'enfant en a assez de ne jamais voir personne, et de ne même pas pouvoir parler. Lorsqu'elle ouvre la bouche et tente de crier, aucun son ne s'en échappe. Elle en a assez de ne pas savoir qui sont ces gens sur les photos qui traînent dans une vieille malle ; cet homme et cette femme autour d'une petite fille qui lui ressemble étrangement. Elle n'en peut plus de n'avoir que des questions et pas le moindre élément de réponse – pas un murmure, pas un regard, rien. Elle est seule ; d'une solitude accablante et irrémédiable, d'une solitude marécageuse et asphyxiante, d'une solitude dont personne ne voudrait, pas même un ermite dans sa montagne sacrée – une solitude de damnée… Un jour, un cargo traverse la rue marine du village sans que l'enfant ne s'endorme ni que les rues ne s'enfoncent dans les flots. Cette fois-ci, un son parvient à s'échapper de sa bouche. Deux mots : « Au secours ! » – Là, mon cœur bat plus fort. Des années après, j'y crois encore : on va l'entendre, cette enfant ; on va la voir, la sortir de ce village, et elle pourra alors voyager, mener une vie libre et intense, pleine d'aventures, de rencontres et de surprises ! – Mais personne n'entend l'enfant de la haute mer et le cargo poursuit sa route, avant de disparaître au loin. Et la fillette reste là, seule, à nouveau – seule pour toujours.

À ce moment de l'histoire, je sentais monter en moi une immense vague de tristesse et de colère mêlées. « Ça n'a pas de sens ! Arrête de lire ! Si, si, on arrête. De toute façon je connais déjà la fin. » Je laissais ma tête s'abattre sur l'oreiller dans un mouvement de révolte, fermais les yeux, puis… : « Pauline… ? Tu peux continuer encore un peu ? » Alors, ma tante bien aimée poursuivait de sa voix de violoncelle, l'histoire belle et grave de l'enfant de la haute mer. Il fallait aller jusqu'au bout – je ne pouvais pas lâcher ma précieuse amie en cours de route.

Alors… une vague qui avait assisté à la scène du cargo et au désespoir de l'enfant, se prend d'une furieuse compassion à son égard. Devinant son dessein, elle décide de la confisquer avec la collaboration de la mort. Elle la prend, l'enlace, l'enroule sur elle-même, encore et encore… « Pour seconder la vague dans son grave projet », la fillette s'empêche de respirer. Mais rien n'y fait. Ni les efforts de la vague, ni ceux de la fillette, pas même l'acharnement de la mort, ne parviennent à l'extirper de cette vie sans fin, dans ce village perdu. Et la fillette « dut recommencer d'ouvrir et de fermer les volets sans espoir, et de disparaître momentanément dans la mer dès que le mât d'un navire pointait à l'horizon ».

Là, chaque fois, mes yeux se fermaient et des larmes en sortaient, sans bruit ni fureur, et coulaient, tout doucement, le long de mes joues, de mon cou et de mon torse, sous ma chemise de nuit. Je me souviens m'être demandée si mes larmes étaient les miennes, si c'était mon corps qui les produisait ou si elles venaient d'ailleurs – de la mer, par exemple – et appartenaient à tout le monde. Y a-t-il, quelque part, une immense réserve de larmes pour tous les êtres humains, grands, petits, riches, pauvres, malades ou en bonne santé – peu importe ; tous les humains et même les animaux, les arbres et les pierres, qui ont parfois besoin de pleurer, pleurer, pleurer, sans réserve et sans fin ? Et les larmes que l'on verse à tout âge, pour trois fois rien ou pour un drame, un mauvais rêve ou une vraie perte, ces larmes vont-elles quelque part, une fois qu'on les a expulsées par les coins rouges de nos yeux ? Je me posais des questions sur l'origine et le voyage des larmes ; comme je m'en pose encore aujourd'hui, sur l'origine et le voyage des nuages dans le ciel.

Les derniers mots de cette étrange histoire sont ceux du poète Jules Supervielle, qui s'adresse à tous les marins. Et ces mots, je ne les oublierai jamais, comme je n'oublierai jamais ma précieuse amie de la haute mer, qui me fait tant penser à quelqu'un que je connais bien et qui erre parfois dans le quartier de Red Hook, à New York, d'un pas calme, cherchant au loin un point fixe auquel se raccrocher par-delà le tumulte incessant des vivants et du vent.

Les derniers mots de cette étrange histoire sont un credo : celui de tous les parents qui ont perdu un enfant ; de tous les enfants qui ont perdu un parent. C'est une prière pour les morts qui furent en vie, et pour les vivants bientôt morts. C'est une oraison pour toutes celles et ceux qui errent de grâces en disgrâces, et rêvent, entre deux vagues, qu'un jour quelque chose les happe, qu'un vaisseau de lumière les transporte vers la vie.

« Marins qui rêvez en haute mer, les coudes appuyés sur la lisse, craignez de penser longtemps dans le noir de la nuit à un visage aimé. Vous risqueriez de donner naissance, dans des lieux essentiellement désertiques, à un être doué de toute la sensibilité humaine et qui ne peut pas vivre ni mourir, ni aimer, et souffre pourtant comme s'il vivait, aimait et se trouvait toujours sur le point de mourir, un être infiniment déshérité dans les solitudes aquatiques, comme cette enfant de l'Océan, née un jour du cerveau de Charles Liévens, de Steenvoorde, matelot de pont du quatre-mâts Le Hardi, *qui avait perdu sa fille âgée de douze ans, pendant un de ses voyages, et, une nuit, par 55 degrés de latitude Nord et 35 de longitude Ouest, pensa longuement à elle, avec une force terrible, pour le grand malheur de cette enfant. »*

Elle s'est assise finalement, au bord du quai, les pieds dans le vide. Elle regarde vers le ciel : vol diffus des mouettes, danse de feu et de nuit ; le rose s'embrase. Elle compte les secondes qui la séparent de la nuit. Elle sourit. Ses yeux viennent de trouver un point, un point d'accalmie, une vision solide à laquelle s'arrimer ; une flamme dorée que brandit vers les étoiles une femme en cuivre patiné de vert-de-gris – la couleur de ses yeux, verts comme sa mère, gris comme son père. De quoi est faite la liberté ? De l'autre côté de la mer, elle se tient sur un socle de granite rose. Mais, ce soir, dans un cœur inamovible, la liberté se balance les pieds dans le vide. La liberté se tisse de mots, d'espoirs et d'élans – que plus rien n'empêche ni n'entrave.

Aujourd'hui j'ai trente-deux ans, pour quelques mois encore ; elle en a douze, pour toujours. Elle n'a toujours pas de nom – je signerai ces quelques lignes du mien. Ses deux parents sont morts, comme son auteur, Jules Supervielle ; les miens sont de part et d'autre de l'existence et je m'amuse parfois à créer des fillettes, à réécrire des histoires. Ses joues sont encore rondes, comme les miennes, et nos dents de devant toujours écartées – pour que la chance puisse s'y faufiler. J'ai envie de la prendre dans mes bras et de lui dire quelque chose... Mais quoi ? Je me souviens de son exercice de grammaire préféré, le CLXVIII de la page 60.

« — êtes-vous ? — pensez-vous ? — parlez-vous ? — voulez-vous ? — faut-il s'adresser ? — se passe-t-il ? — accuse-t-on ? — êtes-vous coupable ? — est-il question ? — tenez-vous ce cadeau ? eh ! — vous plaignez-vous ? (Remplacez les tirets par le pronom interrogatif convenable, avec ou sans préposition.) »

Je suis toi. Je pense à toi. Je parle avec toi. Je te veux du rire, de la lumière et de la joie.

La voilà qui saute dans l'eau, en même temps que le Soleil, et tous deux disparaissent dans un sourire aquatique. Me voici seule, avec mes trente-deux ans et mes dents de la chance, à contempler la nuit qui fait scintiller Manhattan. Je suis tellement heureuse de l'avoir rencontrée. Tellement heureuse d'avoir tenu la promesse que je m'étais faite, un soir, dans une chambre du XIe arrondissement, à la toute fin du premier millénaire : libérer l'enfant de la haute mer. – **CG**

Ci-dessous : Image issue de la série « *By the sea* ».

L'auberge de la MANCHE

François Simon

Ancien grand-reporter à *Ouest-France*, cycliste impénitent, François Simon s'est installé à la pointe du Cotentin et s'est laissé cerner, tarabuster, enchanter par la Manche. Bienvenue dans sa maison avec vue sur mer.

Le samedi, un balourd vient nous visiter. Le *MOL Triumph* approche, gros sabot couronné de 21 000 boîtes bariolées, qui sont les brouettes de la mondialisation.

Le porte-conteneurs nous frôle avec des délicatesses de danseur de tango ; embarque au vol un pilote hauturier à l'agilité d'écureuil, puis reprend le large à vitesse lente, gardant sa part bleue de mystère calme des toiles de Nicolas de Staël.

La ligne Shanghai-Le Havre nous passe ainsi sous le nez, trois fois la semaine, car nous ne barbotons pas en bord de mer. C'est à la portée de tout le monde ; nous sommes plantés au milieu de la mer – au bord d'une route de la soie moderne, au fil de laquelle des hypermarchés flottants, bourrés de téléphones portables, de vêtements bon marché, de fruits périssables, en croisent d'autres qui descendent, chargés d'automobiles, de parfums, de vins et liqueurs estampillés « France éternelle ». Le Cotentin est un arrêt-minute sur le fleuve salé de Londres et de Paris. *Stop and go*. Vauban nous avait promis un destin « d'auberge de la Manche » – nous y excellons.

Le reste du temps, la mer nous cerne, nous tarabuste et nous enchante. Elle nous fait rêver et nous grise. La péninsule balcone souverainement au-dessus de cette reine aux humeurs de pur-sang. Nous en savons l'odeur : il y flotte un parfum « gris Manche », fait d'iode, de coquillages et d'imprévu.

On s'y rince l'œil comme en ce bel aujourd'hui où il y a eu, entre chien et loup, un moment de grâce offrant un répit pour que la mer d'hiver se maquille en bleu et se fende d'un sourire pâle, jusqu'à grimper aux rideaux et se prendre pour le ciel.

En ouverture : Cotentin, cap de la Hague, Auderville. Station de sauvetage du port de Goury ; au fond, le phare éponyme.

Ci-dessus : Cherbourg-Octeville. Le paquebot *De Grasse*, de la Compagnie générale transatlantique sur le quai de l'ancienne gare maritime Art déco, construite entre 1928 et 1933.

Il y a eu, tour à tour, un bleu outremer, un bleu vélo Bianchi – que les Italiens affirment être la couleur des yeux de la Vierge –, un bleu horizon et un autre, tout à fait démâté, croisé jadis à pas d'heure dans un club de jazz. Après, tout est rentré dans le désordre.

Notre petit endroit du monde porte le joli nom chantant de Cotentin. Le pays a une silhouette de tête de chat craignant l'eau froide, de point d'exclamation ponctuant la vieille grammaire d'une géographie à part.

À vol d'oiseau, la petite patrie amphibie est plus proche de Londres que de Paris. Elle est ébouriffée de vent, assiégée par les tempêtes qui lui secouent le paletot, accablée de pluie traversière fraîchissant ouest, mais Allain Leprest nous l'a (en)chanté à tout jamais : « Même les jours de quand ça pleut / Le ciel allumait des feux bleus. »

Le temps est tourneboulant et lunatique, jamais établi, mais, parfois, tocquevillien. Il y traîne aussi les plus belles averses de soleil du monde, 13 vents, des chapelets de nuages dodus, 50 nuances de gris. Et puis, tout autour, cette mer de muscles au clapot court et croisé ; ce tapis roulant épuisant, indomptable.

Cette mer comme une terre brûlée, comme une folle galopade d'Attila derrière laquelle rien ne repousse, rien ne s'installe et tout s'efface : nous la maudissons et la vénérons dans la même journée. Elle nous a tellement pesé sur la couenne que nous avons désormais la carrure pour rejoindre l'*Atlas des paradis perdus* de ce cher Gilles Lapouge, que les rêveurs tiennent au chaud entre laine et peau – « ces petits bouts d'Éden, olympes ratatinés, capables de luire quelques jours ou quelques siècles à l'horizon de nos mélancolies ».

Le big bang et le grand hasard nous ont postés là, à portée de canonnade et de rigolade du peuple le plus original d'Europe : les Anglais d'Angleterre. La cohabitation fut une infernale foire d'empoigne entre vagues cousins fâchés à mort. Notre rapport à l'Anglais en est resté chatouilleux, complexe, millénaire et, avouons-le, surjoué.

Il a fallu des siècles pour que la Manche cessât d'être un champ de batailles, pour muer en espace partagé et policé. Il n'y a pas d'eaux internationales en Manche. On y est en France ou en Grande-Bretagne. On y navigue en *gentlemen*. La politique, quand elle le veut bien, réussit des prouesses. La Manche pacifiée atteste que le Brexit sera une péripétie.

Le sac d'embrouilles a mis les pouces au XIXe siècle finissant. Napoléon III invite la reine Victoria à inaugurer la rade de Cherbourg, pensée pour mater le camp d'en face et désarmée avant que d'être. On voile même la statue de l'autre Napoléon, le premier, pour ne pas froisser la *Queen*.

Et l'on s'en tient à l'exploit pharaonique de l'ouvrage. Il est vrai qu'il est d'importance. Sans ordinateurs, sans engins de levage, une ville a réussi à faire sortir une muraille de la mer. Et la machine à faire la guerre devra désormais lutter pacifiquement contre la mer et les éléments. La rade de Cherbourg, chef-d'œuvre régalien, est du même tonneau que le Mont Saint-Michel – exploit du divin. Deux trucs impossibles, mais faisables.

Depuis, patiemment, l'hostilité a fait place à une estime discrète. « Un Anglais est la meilleure part d'un Normand », a écrit mystérieusement Jules-Amédée Barbey d'Aurevilly.

L'Anglais nous ressemble. Il est d'un commerce agréable. Contrairement à bon nombre de nos compatriotes, il nous situe parfaitement sur la carte du monde. Il connaît la péninsule du Cotentin qui lui tend ses quais. Il y a chez les Britanniques et les gens d'ici, un cousinage qui dormait sous l'écorce des rudesses passées : un humour fait d'autodérision et d'ironie souriante ; une science des jardins apparemment fous et parfaitement gouvernés ; une modération élevée à hauteur d'un art de vivre ; une richesse inouïe de vocabulaire pour dire la pluie et pour tirer parti des jours gris ; un entêtement à ne pas se laisser emmerder par autrui, et réciproquement. Détail qui n'en est pas un : il tient bien la chopine.

Et il y eut aussi l'avant-garde éclairée des anglophiles précoces. Comme à l'automne 1913, quand Paul-Hubert Fouchet de Saint-Vaast-la-Hougue fit appareiller le *Liberté*. Fouchet était armateur de trois chalutiers. Outre ce *Liberté*, il armait le *Jean-Jaurès* et le *Karl Marx*. C'était un pêcheur reconnu et un rêveur de lendemains qui chantent.

Sur le *Liberté*, qui faisait route vers l'Angleterre, Paul-Hubert avait monté son petit dernier, Max-Pol, pour lequel il avait concocté un baptême civil de pleine mer. Au milieu de la Manche, à l'endroit exact où le faisceau du phare de Gatteville s'estompe pour laisser place à celui de St. Catherine's Point de l'île de Wight, il a fait stopper. C'était le souhait de Paul-Hubert pour son petiot : un baptême civil de pleine mer, à mi-chemin entre la France, pays des droits de l'homme, et l'Angleterre, pays de la Grande Charte. Le père passa donc une goutte de calvados citoyen sur les lèvres du petit.

Devenu grand, Max-Pol Fouchet fut un homme de culture et de télévision naissante. Il ne cessa de servir le beau et de tenter de dire le vrai. Il concentrait sans doute le meilleur des deux pays, qui crurent se haïr avant de s'apprécier – voisins éloignés par l'histoire que la géographie a raboutés.

Jusqu'en 1975, un mur peint à l'approche de la gare de Cherbourg annonçait : « New York, 3 471 km. Vous y seriez déjà avec la Sabena. » Il n'y a plus de paquebots pour l'Amérique, pas plus que de Sabena, mais, enfin, que penser d'un coin de France qui avait intégré les Amériques dans son plan de circulation ? Qu'il n'a jamais cessé de vivre au creux d'un songe, entre deux escales de nuit.

Les voyages lents vers l'Amérique, l'entrée majestueuse dans Manhattan, le temps qui coule au compte-goutte, sont passés de mode. Les flâneurs argentés qui retardaient leur montre d'une heure à chaque matin s'allumant sur l'Atlantique, ont pris l'avion et joué à saute-fuseaux en regardant de haut la planète bleue.

Tout ça parce qu'un certain Charles Lindbergh a ouvert la voie des airs en parvenant, le 21 mai 1927, à traverser l'Atlantique, ralliant Le Bourget depuis New York.

Quelques jours plus tard, Lindbergh, stature de héros mondial pour avoir soumis le ciel, arrive à Cherbourg et appareille pour l'Amérique à bord du *Memphis*. Blouson de cuir, écharpe blanche au vent, beau comme un jeune dieu, muet comme une gravure de mode, le jeune homme semble estomaqué par la foule de 10 000 personnes qui l'acclament et qu'il contemple, l'air absent. L'ovation est aussi démesurée que l'exploit de ce trompe-la-mort.

À quoi songe donc Charles Lindbergh au balcon de l'hôtel de ville ? Au triomphe que l'Amérique lui réserve ? Ou à ces gens qui gesticulent sous ses yeux, crédules, joyeux, ovationnant son exploit qui invente un nouveau monde rapetissé et vertigineux ?

Une ville innocente porte aux nues ce jeune héros, qui sonne le lent déclin et la fin des grands paquebots. Comment pourraient-ils se douter, ces Cherbourgeois aux anges, que cet extraterrestre affranchi du sol vient d'inventer la jet-society et de redessiner les chemins que prennent les hommes pour se rapprocher des soleils couchants. Les rêveurs d'Amérique nous passeront bientôt très au-dessus du béret – grâce à Lindbergh, et à cause de lui. – **FS**

Ci-dessous :
Cotentin,
La Hague,
baie d'Écalgrain.

Sur le *Liberté*, qui faisait route vers l'Angleterre, Paul-Hubert avait monté son petit dernier, Max-Pol, pour lequel il avait concocté un baptême civil de pleine mer. Au milieu de la Manche, à l'endroit exact où le faisceau du phare de Gatteville s'estompe pour laisser place à celui de St. Catherine's Point de l'île de Wight, il a fait stopper.

LES ALGUES, NOUVELLES FÉES ÉLECTRICITÉ

Texte de **Vincent Doumeizel**

Gluantes, mal odorantes, disgracieuses et méprisées, les algues sont peut-être les organismes les plus rock'n'roll de la planète.

À ceux qui pensent encore que les algues ne sont que des rejets marins gluants, malodorants et disgracieux, il est grand temps de changer de partition. Ce sont les organismes les plus rock'n'roll de la planète ! Et accessoirement les moins utilisés... Elles jouent sur des gammes différentes, mais toujours en symbiose. En effet, les algues peuvent nourrir les hommes et les animaux, protéger les plantes, remplacer le plastique et le coton, mais aussi nettoyer les océans, restaurer leur biodiversité, séquestrer du carbone et fournir des revenus aux populations côtières où les ressources de la pêche vont inexorablement disparaître. De la faim dans le monde au réchauffement climatique, en passant par la pollution des océans, les connaître, les cultiver et en développer la consommation feraient partie des solutions pour résoudre les grands défis de notre époque[1].

À l'heure où l'Europe réalise ses carences énergétiques et son immense dépendance à l'égard de pays de moins en moins considérés comme des « alliés », des chercheurs viennent de découvrir une nouvelle potentialité des algues. Les algues seraient électriques ! Mais comment des plantes nées dans l'eau pourraient-elles produire la moindre électricité ?

Des glucides et de la biomasse

Depuis longtemps, on avait identifié dans ces organismes unicellulaires que sont les algues microscopiques, des transferts d'électrons lors de l'activité photosynthétique – il s'agit de la capacité à produire de la matière en utilisant la lumière du soleil, pour ceux qui écoutaient les Guns N'Roses pendant les cours de quatrième. Ces transferts d'électrons avaient aussi été identifiés chez les cyanobactéries, comme la spiruline – que l'on continue de nommer « algue bleue » alors que ce n'est pas une algue et qu'elle est verte... Les microalgues sont d'ailleurs déjà utilisées dans la fabrication de certains panneaux solaires, permettant ainsi de réduire l'utilisation de produits toxiques. Hélas, chez tous ces micro-organismes, les quantités produites par ce phénomène de cellules, dites cellules bio-photoélectrochimiques (BPEC), sont faibles[2] et, à l'instar des panneaux solaires installés sur nos toits, demeurent nulles dans l'obscurité[3].

1. Cf : *La Révolution des algues*, Vincent Doumeizel, Éditions des Équateurs, 2022.

2. 0,38 milliwatts/ms soit un voltage de 1 ou 2 volts : Sawa, M. et al., *Nature Commun 8*, 2017

Pas de quoi faire rugir les décibels dans la nuit d'un festival punk.

Nous en étions là, jusqu'à ce qu'un scientifique se baigne dans la mer Rouge ! Depuis Archimède, il est avéré que les concepts les plus « révolutionnaires » ont émergé au cours de savants bains de mer... Yaniv Shlosberg de l'université de Haïfa raconte qu'en se prélassant sur une plage, il remarqua que les algues dessinaient des fils électriques sur les rochers. Alors qu'il travaillait déjà sur le courant des microalgues, il a eu l'idée d'utiliser les macroalgues pour produire de l'électricité !

Eurêka ! Les recherches de Yaniv Shlosberg aboutirent à une publication[4] qui fut un électrochoc chez les spécialistes des algues. L'article, résonnant comme un coup de caisse claire au milieu d'une sonate, démontrait le potentiel de production électrique largement démultiplié de ces végétaux marins, en comparaison du phytoplancton. Rappelons-nous que l'énergie est ce qui quantifie les changements d'état d'un système : changement de température, de mouvement, de vitesse ou de forme. Les algues utilisent l'énergie du soleil pour produire des glucides et de la biomasse. Ce changement génère donc une production énergétique. En toute logique, on serait en droit de se demander pourquoi s'arrêter aux algues et ne pas étudier l'électricité produite par d'autres organismes photosynthétiques, telles que les plantes terrestres. Mais, en physique comme en course automobile, tout dépend du conducteur. Les algues baignent dans un environnement aqueux très conducteur, contrairement à l'air dans lequel évoluent les plantes terrestres. S'il s'avère très simple de récupérer l'électricité produite par ces algues dans l'eau, cela est impossible à appliquer aux autres végétaux.

3. Fu, HY., Picot, D., Choquet, Y. et al.. Nat Commun 8, 2017

4. Y. Shlosberg et al, Bioelectricity generation from live marine photosynthetic macroalgae, B&B, 2022

L'ulve, une minicentrale électrique

En mer, ces expériences ont été menées sur les ulves – ces algues, aussi appelées « salades de la mer » qu'on laisse pourrir sur les côtes bretonnes alors qu'elles regorgent de vertus. Cette algue s'est révélée la plus efficace parmi la dizaine d'espèces testées – il existe plus de 12 000 espèces d'algues répertoriées à ce jour... Des électrodes collées sur les lames de ces ulves ont allumé une ampoule ; la communauté scientifique a vite compris qu'elle avait affaire à du gros son. Car la production électrique de ces ulves est mille fois supérieure à celles des microalgues. Mieux encore, même dans l'obscurité, ces algues libèrent encore 50 % de leur production diurne grâce à l'utilisation de stocks de glucides. Pour faire simple, disons que l'algue a le sens du rythme : elle sait accumuler des réserves, le jour, pour continuer à produire des watts, la nuit, et ce par tous les temps. Encore plus efficace que les panneaux photovoltaïques et les éoliennes, l'ulve est une minicentrale électrique !

Et la symphonie n'est pas finie car, si ces turbines naturelles produisent du courant et séquestrent du carbone tout au long de leur vie, la ressource demeure intéressante une fois à maturité. Dans le cas de l'ulve, le processus de création électrique semble produire plus d'électrons, donc d'énergie, que ce dont l'algue a besoin pour grandir. Ainsi, récupérer son électricité n'endommage pas l'algue et n'altère que très peu sa croissance. Nous pouvons ainsi envisager d'utiliser l'ulve pour son électricité, puis de la cuisiner pour la déguster ou de la transformer en emballage pour remplacer les plastiques polluants. Comble du développement durable : toute cette chaîne de production ne nécessite ni terre, ni eau douce, ni charbon, ni uranium, ni essence ; simplement de l'eau salée et du soleil...

Mais les avantages ne semblent pas s'arrêter là. L'énergie électrique produite via le processus de photosynthèse que nous avons décrit est en outre hautement renouvelable car c'est une ressource marine. Cela ajoute une corde de plus à l'arc des algues comme instrument de lutte contre le changement climatique.

Nous pouvons ainsi envisager d'utiliser l'ulve pour son électricité, puis de la cuisiner pour la déguster ou de la transformer en emballage pour remplacer les plastiques polluants.

Imaginons une ferme d'algues domestiques en mer qui produirait de l'électricité lors de la phase de croissance, grâce à cette activité photosynthétique. Tout au long de leur vie, ces algues cultivées perdraient une partie de leur biomasse. Ce carbone, ballotté au gré des courants, contribuerait à nourrir et à régénérer les écosystèmes environnants ou finirait au fond des océans. En effet, si elles ne sont pas utilisées ni transformées, nos algues finissent naturellement par se déposer sur les fonds marins. Dans ces abysses, faute de bactéries, leur biomasse n'est pas dégradée et le carbone, prisonnier, se met lentement à sédimenter. Bien sûr, cela dure quelques millions d'années, mais il reste intéressant de voir la polyvalence de ces algues, qui peuvent passer du statut de centrale électrique à celui de puits de carbone naturel, permettant d'absorber le CO_2 de l'atmosphère et de le renvoyer au fond des océans – d'où nous l'avons extrait depuis soixante-dix ans...

En conséquence, à la différence de toutes les autres formes de production d'énergie, nos algues seraient bien plus que neutres en émissions – ce qu'aucune autre production énergétique n'est au passage – ; elles seraient négatives et pourraient contribuer à une inversion du réchauffement climatique !

Une nouvelle stratégie énergétique

On pourrait ajouter encore que si on situe cette ferme modèle dans des zones polluées par des eaux usées, donc riches en nutriments, cela participera à la croissance des algues tout en nettoyant le milieu. Mais n'allons pas plus vite que la musique ; il nous reste encore beaucoup de chemin à parcourir pour illuminer le prochain concert des Stones au Stade de France. Nous n'en sommes qu'aux prémices de ces recherches. À chaque avancée scientifique, des effets collatéraux sont associés. Il est nécessaire avant d'appliquer et de répandre une pratique, de mesurer au préalable les conséquences de ces cultures sur les fonds des océans et d'identifier d'autres espèces d'algues appropriées à cette production d'électricité, l'ulve n'est pas nécessairement la plus productive en électrons et n'est pas la plus apte à une culture en mer.

Reste que la mesure est donnée. Si nous apprenions à convertir l'énergie qu'elles produisent, les algues pourraient être une « révolution » pour bâtir une nouvelle stratégie énergétique fondée sur une ressource vivante et régénérative. Les gaz et le pétrole ne sont finalement que des résidus d'algues décomposées. Une matière morte, silencieuse et inerte que nous renvoyons dans

l'atmosphère pour sonner le glas de notre civilisation.

Il faudra explorer longuement les variations sur le thème des algues pour en définir les harmonies possibles. Espérons que le refrain de leurs potentiels trouve son chemin vers nos oreilles. Ainsi nos enfants seront la première génération en mesure de sauver notre planète et non pas la dernière à y survivre. – **VD**

En ouverture : Bretagne. Les algues brunes *Himanthalia* « haricots de mer » peuvent croître de 40 centimètres par jour.

Double page précédente : Finistère. Les algues vertes ulves élevées en bassin pour nourrir les ormeaux.

Ci-dessus : Norvège, îles Lofoten dans le cercle polaire. Leurs eaux froides bénéficient aux grandes laminaires.

FRANÇOISE HARDY
Nuit d'été

Francoise Hardy a retrouvé une chanson de 1972 qu'elle avait complètement oubliée. Et si c'était le tube de notre été 22...

Nuit d'été

Texte F. Hardy : Musique : Georges Châtelain.
Single - Sonopresse HY 45.911 -1972

blue jeans au clair de lune
smoking le long des dunes
paroles banales
chanson pas originale
nuit d'été

cocktails et citronnades
furtifs, ils se regardent
ils sont un peu fades
fades comme une nuit d'été

pour garder son hâle
le jour, sur le sable
elle reste allongée
à ce but louable
le type, c'est probable
s'est aussi consacré...

le soir, ils font surface
rentrant dans leur palace
seuls devant la glace
ils se préparent pour la nuit
nuit d'été

elle bombe la poitrine
se coiffe et se maquille
se déodorise
enfin prête pour la nuit d'été

la fille qui passe
et le type en chasse
devaient se rencontrer
se faire des grâces
le reste, je passe
c'est la nuit et l'été

Impressions en bikini de Françoise Hardy sur la mer, le soleil, les nuits d'été

Latitude Mer « Nuit d'été » est une chanson de 1972. L'aviez-vous oubliée parce qu'elle était la face B de « La berlue » ?

Françoise Hardy J'ai oublié la chanson « Nuit d'été » parce qu'elle n'a figuré qu'en face B d'un obscur single.

LM C'est une chanson très ironique, à la Sagan, sur la comédie de l'été : les couples, la drague, le narcissisme des corps...

FH Justement, je n'étais pas contente de mon texte, que je trouvais prétentieux, malveillant, simpliste. Et c'était un peu déplacé de ma part de caricaturer une fille qui bombe la poitrine, alors que je n'étais pas en mesure d'en faire autant *[rires]*. Mais, en réécoutant la chanson, en la redécouvrant, je l'ai trouvée parfaite !

LM On a l'impression que la plage est un lieu d'exposition obligatoire pour les yéyés. Les nuits d'été, étiez-vous plutôt cocktail ou citronnade, slow, rock ou twist ?

FH Nous étions très célèbres Sylvie, Sheila, Johnny, Clo-Clo puis Jacques. L'été était la saison où on travaillait le plus, pas question de citronnades, de danse (de toute façon, je n'ai jamais su danser), de balades sur la plage ! Les quelques photos prises l'ont été entre deux galas - nous étions souvent à Juan-les-Pins (mais rarement en même temps) car de là on allait faire des galas dans des lieux pas trop éloignés.

LM Les nuits d'été vous semblent-elles vraiment fades ? C'est ce qu'affirme votre chanson...

FH Pas du tout. Ça me rappelle Serge [Gainsbourg], dont j'ai eu la chance d'être proche et qui disait qu'un ciel d'orage était beaucoup plus beau et plus intéressant qu'un ciel tout bleu. Il y a des orages en été. Ils m'ont toujours fait peur – encore maintenant.

LM Vous avez écrit et composé « La mer, les étoiles et le vent », « Mer »... La mer est un sujet présent dans votre répertoire, comme l'été et le soleil...

FH Ce sont de vieux textes que je ne renie pas du tout et qui ont été écrits à une époque où je commençais à aller en Corse – pour « Mer » – et où, auparavant, Jean-Marie [Périer] m'avait emmenée en Égypte, ainsi qu'à Las Palmas, dans les îles Canaries. Mais, dans mon enfance et mon adolescence, j'allais en vacances dans une famille autrichienne dont la maison, proche de la vallée d'Innsbruck, était entourée de superbes montagnes.

LM À propos de photos de Jean-Marie, il vous a photographiée plusieurs fois sur une plage et même bronzant à Juan-les-Pins (où se passe un roman d'été, *Tendre est la nuit* de Fitzgerald).

FH Je n'ai jamais bronzé à Juan-les-Pins… La photo de Jean-Marie en maillot de bain était très posée et je ne me souviens pas où elle a été prise, mais les photos étaient aussi une forme de travail, des séances prévues à l'avance en fonction des possibilités de chacun et là où les chanteurs se produisaient… J'ai bronzé dans ma maison en Corse

LM Avez-vous aimé nager en Corse ? Et Jacques [Dutronc] est-il un homme de l'eau ?

FH À partir de 1967, quand la construction de ma maison en Corse a été terminée, il n'y avait personne à la plage de l'Île-Rousse, à midi. J'allais donc toujours nager à cette heure-là. Mais, quand Thomas est né, il y avait davantage de monde à la maison et je devais m'occuper du déjeuner et du dîner. Ça n'a pas été un problème, car aller nager était une injonction maternelle, et m'en passer m'a inspiré un sentiment de libération. Jacques, je ne l'ai jamais vu nager, mais il nageait sûrement beaucoup quand, dans son enfance et son adolescence, ses parents l'emmenaient en vacances en Bretagne.

LM Quel est votre plus beau souvenir d'été ?

FH Il n'y a pas un plus beau souvenir d'été, mais plusieurs et pour chaque saison. C'est avant la fin de l'été 1967 que ma relation avec Jacques a commencé. Comment l'oublier ?

LM Si on écoute votre chanson « Soleil soleil », on se dit que vous marchiez avec Jacques sur la plage, couriez vers la mer main dans la main ? Et Jacques cherchait-il des coquillages comme l'enfant… ?

FH Je ne me suis jamais promenée avec Jacques main dans la main.

LM Vous avez chanté « La mer » de Trenet, ce chanteur qui a tant marqué Thomas. Est-ce pour vous la chanson absolue sur ce sujet ?

FH Il me semble que Thomas a été un peu plus marqué par Brassens que par Trenet – lequel m'a beaucoup marquée aussi, mais « La mer » est l'une de ses chansons que j'aime le moins. J'avais dû l'enregistrer avec « Les feuilles mortes », en Allemagne, pour une émission de télévision. C'était un très mauvais enregistrement, simplement destiné à une émission, et j'ai été très en colère quand j'ai entendu que ma maison de disques avait sorti sur un disque ces deux grandes chansons mal réalisées, car aucunement destinées à une utilisation discographique. L'une des chansons de Trenet que je préfère est évidemment « Que reste-t-il de nos amours ? ».

SUR LA ROUTE DE LANZAROTE

Texte de **Philippe Ridet**

Le grand-reporter et romancier Philippe Ridet a séjourné sur l'île des Canaries colonisée par le Dieppois Jean de Béthencourt et qui servit, cinq siècles plus tard, au décor du film *La route de Salina*. Ici les volcans ont façonné la mer

Chacun voit ce qu'il veut à Lanzarote.
En 1969, le cinéaste Georges Lautner fit de cette île de l'Atlantique un ersatz du Mexique pour y tourner *La Route de Salina*, film vénéneux et surgeon français du cinéma hippie – *Easy Rider*, *More* et *Zabriskie Point* lui sont exactement contemporains. Mimsy Farmer, diaphane et maléfique, et Rita Hayworth, replète et méconnaissable, donnent la réplique à Robert Walker, paumé et transi. J'ai longtemps cru que ce film était consacré à James Dean, lequel se tua au volant de sa Porsche 550 Spyder, sur la route de Salinas, dans les parages de Monterey – Californie –, le 30 septembre 1955. C'était la veille de ma naissance. Robert Walker lui ressemble un peu – de même qu'à un de mes camarades de lycée en quatrième.

Trente ans plus tard, Michel Houellebecq prit aussi Lanzarote pour une autre. Le narrateur de son petit texte éponyme – Flammarion, 2000 –, observateur cynique, misogyne et désenchanté du tourisme de masse, fantasme sur ce caillou pelé en Éden de désir sans manière. Deux lesbiennes allemandes et voluptueuses partagent avec lui leurs ébats, sur la plage comme dans la chambre de leur *resort* en demi-pension. Tout irait bien dans ce paradis consumériste, si les volcans dont l'irruption a continué de façonner l'île jusqu'au XVIIIe siècle, n'étaient pas là pour rappeler que tout a une fin ; le monde y compris.

Bien sûr, rien n'est jamais comme dans les livres ou les films. C'est fort de ces informations parcellaires que Claire et moi débarquâmes sur l'île, en avril 2021, profitant d'une fenêtre entre deux vagues de contamination à la Covid-19.

Un hangar rempli de bitumeuses

Claire avait pris le volant de notre Seat Ateca de location. J'aime beaucoup être passager, surtout lorsqu'une femme conduit. Même si cela doit nous éloigner de la mer, je dois à la vérité de dire que notre premier emballement fut pour l'exceptionnelle qualité du réseau routier local. Qu'il s'agisse de la LZ1, la LZ2, la LZ10 ou la LZ20, ces voies rapides, parfois à quatre pistes, se singularisent par un revêtement impeccable, sans aucune lézarde, souligné d'un trait de peinture blanche de chaque côté. « Un billard ! » s'exclamait ma compagne, et je partageais son plaisir. Parfois une chaussée plus petite, à deux voies, double la principale, quand ce n'est pas une piste cyclable qui s'y ajoute encore.

Cette profusion d'axes de communication a pour effet de raccourcir les distances qui, de toute façon, ne sont jamais très longues – l'île mesure 58 kilomètres de long sur 34,5 de large.

Elle s'accompagne aussi d'un impressionnant dispositif de ronds-points dont le plus majestueux est, sans doute, celui situé à l'entrée sud de Yaiza. D'un diamètre d'au moins 200 mètres, son terre-plein est planté de palmiers comme une oasis. Autre conséquence : les panneaux de signalisation – certains pour prévenir du passage de bovins, dont je n'ai pas vu la queue – et les stations-services pullulent. Ces dernières ont, dans leur gigantisme et leur simplicité architecturale, un aspect nord-coréen – mais je ne suis pas certain de cette comparaison. Enfin, pour combler toutes les exigences des automobilistes, la plus petite commune est hérissée de réverbères. À Mala, par exemple, deux modèles cohabitent en s'alternant tous les cinq mètres, comme si on avait renoncé à supprimer les plus anciens pour faire place aux nouveaux. On imagine quelque part un hangar rempli de bitumeuses, de marteaux-piqueurs, de rouleaux-compresseurs et d'ampoules de rechange.

Un crumble au sortir du four

Comme on s'habitue facilement à la perfection, on est rapidement agacé lorsque, par endroit, le revêtement n'affiche pas cet aspect lustré de pneu neuf. Je repense alors à ce passage du *Guide d'un petit voyage en Suisse* – Gallimard, 1947 – dans lequel son auteur, Jean Paulhan, visitant la Confédération helvétique à la Libération, s'extasie de retrouver cirées les chaussures qu'il avait laissées la veille à la porte de sa chambre d'hôtel. Mais, le surlendemain, il s'offusque déjà qu'elles n'aient pas été ressemelées.

La terre, ici, ne vaut pas grand-chose. Caillasse sans eau, boursoufflée de volcans comme un crumble au sortir du four, éventrée, recouverte de lave brune, elle semble avoir été retournée par une charrue prodigieuse. Houellebecq y voit une préfiguration de la Terre, longtemps après que toute vie s'en sera retirée ; j'y eus, pour ma part, la vision de notre planète dans ces premiers jours, avant que le vent et l'océan ne l'amollissent en paysages tendres et gras – le Perche, la Bresse, par exemple. Il faut avoir vu Lanzarote pour mesurer la portée d'une expression telle que « croûte terrestre » – à laquelle j'associe immanquablement celle de « casser la croûte » –, tant celle-ci est fracassée de béances, trouée de cratères, jonchée de pierres acérées comme des lames.

Les éruptions ont dessiné ce paysage bouleversé et pourtant harmonieux, que les habitants eurent bien du mal à domestiquer. Ils sont parvenus toutefois, à force de patience, s'écorchant les doigts jusqu'au sang, à tirer un maigre profit de leur damnation. À l'abri de murets circulaires, ils ont fait pousser des vignes et des cactées sur des champs noirs et violacés, comme un risotto à l'encre. Il existe une route des vins d'une quinzaine de kilomètres et on ne compte pas les musées et jardins dédiés aux plantes grasses, dont l'aloès – plante à partir de laquelle sont produits des hectolitres d'Aloe vera ; onguent paré de toutes les vertus.

Histoire triste et lacunaire

Des premiers habitants de Lanzarote, il ne reste rien : pas une écriture, pas un mot, pas un monument ; ni même une certaine manière de tresser des paniers ou de teindre des tapis. Passés sans laisser de traces, les Guanches, peuple berbère venu d'Afrique du Nord, vivaient presque nus en élevant des chèvres. Exploités, réduits en esclavage, massacrés au gré des conquêtes, ils n'eurent pourtant pas la curiosité d'explorer les autres îles tellement proches et dont par temps clair – c'est-à-dire presque tous les jours –, ils pouvaient voir les sommets hacher l'horizon. Cette absence de curiosité interroge, et désole. Il faut vraiment avoir touché le fond du désespoir pour se montrer à ce point casanier. Les grands déprimés souvent se recroquevillent sur eux-mêmes, incapables de mettre un pied dehors. – Le cinéaste Jean Eustache, avant de se donner la mort, en novembre 1981, ne sortait plus de son lit. – Les Canariens ont préféré leur malheur à l'idée de trouver, au-delà d'un bras de mer, des gens aussi malheureux qu'eux.

Aussi se laissèrent-ils assez facilement envahir et asservir par tous ce que l'Europe comptait de conquérants, espagnols pour la plupart mais également français – comme ce Dieppois du nom de Jean de Béthencourt qui, le 1er mai 1402, quitta La Rochelle pour les

La palette chromatique de Lanzarote s'en trouve simplifiée à l'extrême : blanches les maisons ; noire, la lave ; verts, les cactus ; bleu, le ciel – parfois, une Seat jaune.

En ouverture :
Espagne, îles Canaries, Lanzarote, Mirador del Río ; en arrière-plan, l'île de La Graciosa.

Ci-dessus :
Lanzarote, Mozaga, la « maison-musée de l'Agriculteur » construite par César Manrique.

Canaries afin de « voir et visiter tout le pays dans l'espoir de le conquérir et de mettre les gens à la foi chrétienne ». De fait, les Guanches furent les seuls Berbères à ne pas être islamisés.

Lisant cette histoire triste et lacunaire, une autre idée de l'île s'insinua en moi, notamment lorsque la fraîcheur, qui tombe avec la nuit, contraint à passer un pull par-dessus ses coups de soleil. Par la terrasse de la chambre, l'Atlantique, noir et bleu, était crêté de mousse. L'obscurité avalait peu à peu le sommet des volcans. C'est comme ça depuis des millions d'années. Mettre un bateau à l'eau ? Et pour voir quoi ? D'autres Guanches transis dans des peaux de bique ? La même chose ou presque – saudade insulaire.

Des oasis inattendues

Les volcans ont façonné la mer. Elle se présente sous deux aspects, selon que la lave se soit précipitée jusqu'à l'océan en coulées de feu torrentielles, ou bien qu'elle ait eu le temps, en traversant une plaine par exemple, de s'étirer comme une pâte à pizza. Dans le premier cas, elle a formé des falaises déchiquetées, des récifs acérés ; dans le second, des plages de sable noir. Mais il existe également des oasis inattendues, anses de sable blond comme à Playa Blanca, la bien nommée. C'est dans ces parages, au sud de l'île, qu'ont été édifiés la plupart des hôtels – des immeubles et des lotissements de résidences saisonnières s'étalant à perte de vue. Avant l'Aloe vera, le tourisme est bien sûr la première ressource de l'île. Les vacanciers débarquent par millions à l'aéroport d'Arrecife : Allemands, Hollandais, Anglais dans leur grande majorité, Espagnols aussi ; les Français sont plus rares, mais pas inexistants non plus. L'hiver et le printemps sont leurs saisons préférées.

Au nord de Lanzarote, la côte cisaillée se révèle plus inhospitalière. C'est ici, à Charco del Palo, qu'a été construit le seul village naturiste des Canaries. Il attire une clientèle d'habitués, venue du nord de l'Europe où le rapport au corps, comme disent les psychosociologues, est moins compliqué. On doit d'ailleurs son édification dans les années 1960, à un Allemand. Hypothèse : c'est probablement l'existence de ce village qui a fait fantasmer Houellebecq, au-delà du raisonnable, sur les possibilités sexuelles de l'île. Fort d'une courte expérience, je me porte garant du comportement des habitués de ce lieu qui sont, à quelques exceptions près, majoritairement retraités et flasques. Les naturistes et les autres disposent de deux piscines naturelles formées par la lave – pour une fois bien inspirée. Ne disposant pas de plages, ils passent leur temps à bavarder et à se promener le long de la côte. De temps en temps, ils piquent une tête dans une eau froide et raffermissante. Ils remuent bras et jambes pour se réchauffer, puis font la planche, attributs affleurant.

Des cuisses de poulet

À ce qu'il semble, l'île a produit peu de personnages dignes d'une évocation historique. L'un d'eux pourtant, César Manrique, est omniprésent. L'aéroport d'Arrecife, où il est né en 1919, est intitulé à son nom ; un musée a été édifié à sa gloire. Sculpteur, architecte, peintre, mort en 1992, on lui doit d'avoir préservé l'habitat traditionnel de l'île – maisonnettes blanches et parallélépipédiques, souvent surmontées d'une cheminée ronde et pointue, comme les champignons de meringue sur les buches de Noël. Une cour de gravier sombre piquetée minimalement de plantes grasses, en constitue l'unique agrément décoratif. La palette chromatique de Lanzarote s'en trouve simplifiée à l'extrême : blanches les maisons ; noire, la lave ; verts, les cactus ; bleu, le ciel – parfois, une Seat jaune.Autre célébrité, si l'on peut dire : le lutteur Joaquim Rodriguez de Cabrera, dit Pollo de Uga (1895-1959). Avec ses jambes fines, il a dominé sa discipline dans toutes les îles où il acceptait d'être défié. Sur une de ses rares photos,

Ci-dessous :
Îles Canaries, village de Haría, « vallée des mille palmiers ».

Double page suivante :
Île de Lanzarote, volcan dans le parc national de Timanfaya.

il pose mains sur les hanches, habillé d'un maillot une-pièce à rayures, porté sous une sorte de robe-short dont il a roulotté les jambes en haut de ses cuisses de poulet.

Pourtant, la seule statue qui le représente, le figure en athlète râblé au torse large et aux muscles jambiers très développés. Il a même cette petite boursoufflure en forme de croissant au-dessus du genou à laquelle on reconnaît les footballeurs et les rugbymen. Sans trop savoir pourquoi, il m'évoque Aldo Gruarin, dit « La Gruche », pilier du XV de France dans les années 1960 et dont l'entraînement consistait principalement à livrer des sacs de pommes de terre. Chacun se souvient de ce qu'il veut, à Lanzarote.

Les charmes de l'île sont vite épuisés. Chaude la journée, frisquette le soir, dépourvue de plages véritablement accueillantes, tranchante comme une lame, sillonnée d'anfractuosités, elle peine à nourrir la curiosité plus d'une semaine ; à moins de nourrir une passion exclusive pour les cactus et les volcans. Au-delà, je n'exclus pas que l'ennui gagne, de même que le « sentiment de solitude et d'isolement », chanté par Laurent Voulzy.

La vallée des mille palmiers

Du haut du Mirador del Río, un des points culminants de Lanzarote, la mer s'offrait paisible à notre regard. À cette altitude, les vagues étaient invisibles. À nos pieds, la petite île de La Graciosa, la plus africaine, que nous avions visitée avec plaisir deux jours auparavant, apparaissait en seul coup d'œil, minuscule et alanguie. Plus loin, d'autres sommets ourlaient l'horizon sans que l'on sache vraiment à laquelle des îles de l'archipel, ils appartenaient. « Regardez bien ces paysages, lança Lautner à son équipe de tournage ; dans plus d'un demi-siècle, vous ne verrez plus jamais ça. »

Redescendant par une route tortueuse mais si bien entretenue, nous fîmes une nouvelle halte à Haría, au cœur de la « vallée des mille palmiers » qui, avec Teguise – longtemps siège du pouvoir colonial –, est un des rares villages typiques. Nous voulions boire un verre de vin blanc dans un bar de la Plaza León y Castillo. C'était notre dernier jour de vacances. Notre test était négatif ; notre bronzage, parfait. La terrasse était presque déserte ; seuls trois vieux Espagnols parlant fort, buvaient un café au lait.

Arrivèrent alors deux couples de touristes âgés, en pantacourts et chapeaux de paille. « Des Français », me glissa Claire. Deux attitudes sont possibles quand on rencontre des compatriotes à l'étranger : le silence buté ou la reconnaissance joyeuse. Nous optâmes pour la première. Un autre Français qui passait par là, tenta de s'agréger au groupe. Mince et volubile, il portait une tenue de randonneur et un chapeau de brousse.

« Vous êtes retraités ? demanda-t-il finement.

— Oui, répondirent une ou deux personnes un peu gênées d'être ainsi alpaguées.

— Moi aussi. J'ai pris ma retraite à cinquante-neuf ans », précisa-t-il sans doute pour les faire bisquer ou parce qu'il en était fier.

Il s'en suivit une conversation un peu décousue sur l'âge auquel il était judicieux de « liquider sa pension ».

« Et vous êtes d'où, s'enquit l'homme maigre.

— Du Dauphiné, hasarda une voix de femme.

— Moi aussi ! De Bourgoin-Jallieu... »

Claire, native de l'Isère, tendit une oreille plus attentive.

« Et vous êtes où, sur l'île ?

— Au BlueBay, dit un homme, comme si ce nom était à lui seul une indication géographique.

— Moi, je loue avec des copains au centre de l'île. J'ai pas de piscine, mais c'est plus pratique pour rayonner. »

Quand le type au chapeau de brousse se fut éloigné, les autres s'accordèrent pour dire qu'« il était gonflé » de leur demander à quel âge ils avaient arrêté de travailler. « Qu'est-ce que ça peut lui foutre, à ce baltringue ! » Ils conclurent que c'était « un pauvre mec » qui n'avait même pas les moyens de louer une chambre dans un hôtel avec piscine.

Le soir, nous avons dîné dans un restaurant de plage, du côté de Punta Mujeres. Des surfeurs en combinaison de caoutchouc attendaient la vague, allongés sur leur planche comme des otaries sur un rocher. Le lendemain, nous étions à Paris avec, dans nos bagages, quelques flacons d'Aloe vera. Un vendeur natif de Strasbourg, vivant sur l'île depuis trente ans et ne souhaitant en partir pour rien au monde, nous avait assurés que ce liquide apaisait toutes les douleurs. Chacun croit ce qu'il veut, à Lanzarote. – **PR**

Marins de l'eau douce

Trân Thai Khuong

Vietnam, Golfe de Thaïlande, Archipel de Nam Du

Sur ces îles, 10 000 personnes vivent de la pêche et de services liés au travail en mer. L'eau douce y est rare. Durant la saison des pluies, les habitants des îles dépendent pour beaucoup des eaux pluviales. Au cours de la saison sèche, leur survie est liée aux approvisionnements des « chercheurs d'eau ». Ces derniers, petits entrepreneurs privés, vendent aux îliens leur eau ou la troquent contre des denrées issues de la mer. M. Muoi Do a soixante-quatre ans. Pendant plusieurs mois, avec son fils Phong, ils ont creusé un puits sur une île déserte, proche de celle qu'ils habitent.

En ouverture : Chaque jour, M. Muoi Do et Phong se lèvent à l'aube afin d'aller jusqu'à l'île inhabitée pour charger l'eau. Phong nage jusqu'à la rive, le tuyau dans les mains. La pompe aspire l'eau et la conduit dans les fûts du bateau. Puis ils partent la livrer à des pêcheurs en mer ou dans les villages des îles alentour. Ils ne rentrent à la maison qu'une fois toute l'eau vendue. À la saison sèche, ce travail rapporte 20 euros par jour, mais les investissements sont conséquents.

Page de gauche, en haut et en bas : Le travail est rare dans les îles de Nam Du. Âgé de vingt-deux ans, Phong doit accompagner son père.

Image du milieu : Village de pêcheurs sue l'île de Hòn Ngang.
Ci-dessus : Lavage à l'eau douce des épinards de Madagascar pour la soupe du soir.

L'OCÉAN, VIGIE DU MONDE

Texte de **Stéphane Dugast**

La plus grande université de recherche marine européenne est française. Valoriser, coordonner et fédérer l'ensemble des acteurs des sciences maritimes autour de projets interdisciplinaires, telles sont les nobles ambitions de l'Institut de l'Océan, piloté par un fin connaisseur du fait maritime.

« L'océan, quel que soit l'angle sous lequel on le regarde, est devenu un élément central de notre monde », s'enthousiasme d'emblée l'amiral Christophe Prazuck, qui a récemment pris la tête de l'Institut de l'Océan, nouvelle entité d'Alliance Sorbonne Université – « la plus grande université de recherche marine d'Europe » ; un rang que ce pôle universitaire d'excellence détient depuis trois ans et qui a motivé la création de ce nouvel institut, d'autant qu'en matière d'océanographie, selon un récent classement de Shanghai – mai 2021 –, Sorbonne Université occupe le troisième rang mondial. Outre ces satisfecit, il y avait également urgence à réagir tant l'océan est devenu un enjeu majeur des prochaines décennies, selon son tout jeune directeur, ancien chef d'état-major de la Marine : « L'océan, c'est le climat. C'est le vivant, une biodiversité largement inconnue. C'est la pêche et donc la nourriture. L'océan, c'est aussi le niveau de la mer qui va indéniablement monter. C'est également le commerce. C'est ce que je porte, ce que je mange. Ce sont aussi les données qui traversent les câbles sous-marins. Enfin l'océan, c'est la stratégie de puissance des États. » À l'aise dans son costume civil, l'amiral Christophe Prazuck pilote donc désormais un institut chargé de porter les ambitions et les enjeux de la communauté scientifique en matière de connaissances océaniques ; un nouveau poste qui ne doit rien au hasard : « Durant mes quarante et une années de carrière dans Marine, j'ai eu la chance d'être formé par la recherche, au cours d'un doctorat d'océanographie physique : une expérience qui a nourri mon appétence pour le monde de l'enseignement supérieur et de la recherche. » Mieux valoriser, coordonner et partager les travaux des laboratoires et des centres de recherche, telles sont les ambitions portées par l'Alliance Sorbonne Université et ses instituts. « Cela avait été réalisé avec succès pour la transition environnementale ou l'intelligence artificielle, dont l'institut applique par exemple les méthodes de l'IA au climat, à la médecine ou encore aux humanités digitales. C'est aujourd'hui le cas pour les océans avec ce nouvel institut que j'ai l'honneur de diriger », abonde Christophe Prazuck, trop heureux d'établir des ponts entre le monde universitaire et celui maritime, dont il connaît parfaitement les arcanes.

L'interdisciplinarité, une vertu cardinale

Les chiffres sont parlants quant au bien-fondé de cette action. L'Institut de l'Océan parvient à mobiliser un vivier de 1 500 enseignants,

En ouverture :
Banyuls-sur-Mer. Laboratoire scientifique du Biodiversarium, expériences en aquarium. L'observatoire océanologique de Banyuls-sur-Mer est partenaire de l'Institut de l'Océan de l'Alliance Sorbonne Université.

Ci-dessus :
Christophe Prazuck, directeur de l'Institut de l'Océan de l'Alliance Sorbonne Université.

À droite :
Cours en amphithéâtre. Institut de l'Océan de l'Alliance Sorbonne Université.

chercheurs, ingénieurs et techniciens, tous spécialisés dans les océans ; un réseau puissant qui peut également s'appuyer sur 30 laboratoires, 16 masters, 6 écoles doctorales et 5 stations marines à Dinard, Roscoff et Concarneau en Bretagne, Banyuls et Villefranche-sur-Mer sur le littoral méditerranéen. La plus grande université de recherche marine d'Europe fait ainsi converger sciences et humanités marines : archéologie, biologie, chimie, climatologie, écologie, géographie, géologie, géopolitique, histoire, océanographie paléontologie, physique ou sociologie... les domaines d'étude sont variés et l'interdisciplinarité, une vertu cardinale – comme aime à le rappeler Christophe Prazuck *via* des exemples concrets : « Prenons l'océan. On peut étudier la colonne d'eau avec ses caractéristiques physiques, dont sa température, ses mouvements ou sa salinité. On peut aussi se pencher sur sa composition chimique, naturelle ou altérée par les pollutions ou l'atmosphère, ainsi que le vivant qui s'y développe, et ce depuis la surface jusqu'aux abysses. On pourra aussi se pencher sur la morphologie du fond des océans ou encore les sédiments qui témoignent de l'histoire de la planète. Enfin, on pourra également s'intéresser aux échanges entre l'océan et l'atmosphère qui régulent le climat, tandis que la géographie des littoraux, les risques qui les menacent, leur histoire et celle des sociétés qui, depuis des siècles, ont prospéré sur leurs rivages et au large, seront de parfaits objets d'étude et de recherche. *Et cætera, et cætera.* » Une vision transversale et globale, source d'enrichissement mutuel et fécond pour ses acteurs : « C'est surtout le meilleur mode opératoire pour comprendre les océans, tant les problèmes complexes requièrent de rassembler des compétences différentes et complémentaires », justifie Christophe Prazuck, plus que jamais passionné par son nouveau rôle au sein d'un institut dont la vocation première est de tisser des liens entre l'université et la société.

La maritimisation, un marqueur de notre époque

Outre la formation initiale des étudiants de Sorbonne Université, ou celle continue des professionnels du monde maritime, l'Institut de l'Océan vise à faire valoir l'excellence et l'expertise maritimes dans le domaine de la recherche, où trois axes prioritaires ont été identifiés : le premier concerne la place de l'océan dans l'histoire de la Terre, du vivant et des sociétés ; le deuxième implique les changements globaux et les risques qui y sont associés ; tandis que le dernier s'intéresse à la géopolitique des océans et aux circulations maritimes. « La “maritimisation” est un marqueur de notre époque. L'actualité du moment est parlante avec l'intensité des flux de marchandises, d'hommes et de femmes, de données, de cultures ou de pandémies par voie maritime. La préservation, le contrôle ou l'interruption de ces intenses circulations constituent indéniablement des enjeux de puissance, de prospérité,

Une vision transverse et globale source d'enrichissement mutuel et fécond pour ses acteurs. « C'est surtout le meilleur mode opératoire pour comprendre les océans tant les problèmes complexes requièrent de rassembler des compétences différentes et complémentaires » C. Prazuck

de sécurité ou de solidarité », détaille Christophe Prazuck ; avant de conclure son argumentaire : « Un mouvement inverse et puissant se développe : celui de la territorialisation des océans. Il peut s'agir de préserver une biodiversité, des ressources vivantes ou énergétiques, mais aussi de s'assurer l'exclusivité d'une exploitation. Ces deux mouvements de maritimisation et de territorialisation contribuent à façonner le système des relations internationales contemporaines. » L'institut soutient les doctorants et étudiants de master qui conduisent des travaux pluridisciplinaires. Une série de séminaires sur l'Arctique ou les ports ont été organisés, rassemblant physiciens, biologistes, géographes, historiens et acteurs de terrain. Des projets sont lancés dans les domaines de la donnée maritime, du rapprochement entre sciences de l'océan et intelligence artificielle, de la création de formations interdisciplinaires aux questions océaniques, ou encore de la coopération internationale avec des instituts similaires – un point essentiel, selon le directeur

de l'Institut de l'Océan du fait de l'initiative « 2021-2030 : la décennie des Nations Unies pour les sciences océaniques au service du développement durable », qui va faire naître moult projets ambitieux et internationaux, européens ou français autour de la connaissance des océans. « L'interdisciplinarité de l'institut sera un atout de taille afin de prendre part à ce mouvement sans précédent, mais aussi de répondre aux défis complexes et aux multiples facettes des enjeux maritimes », argumente son directeur.

Car le lien entre l'université, ses chercheurs, ses enseignants, ses étudiants et le monde maritime fait également partie des missions de l'institut. « Mettre en regard les besoins des institutions ou des entreprises maritimes avec les compétences d'une grande université de recherche, telle que Sorbonne Université, bâtir des coopérations entre l'économie bleue et le "savoir bleu", c'est une autre de nos missions. » Elle demande de la méthode et de la patience, mais elle est féconde : « Nos premières initiatives avec la Marine, le Cluster Maritime Français ou des industriels du maritime sont très prometteuses, pour surveiller les espaces maritimes, contribuer à la décarbonation du transport maritime, ou à l'écoconception des navires du futur », souligne Christophe Prazuck ; avant de conclure : « Rappelez-vous bien que les mers et les océans recouvrent 70,8 % de la surface de notre globe terrestre. La France possède également le deuxième espace maritime mondial, après les États-Unis. Des responsabilités lui incombent. » Des bons mots qui infusent désormais au-delà de la seule sphère des initiés, tant il est urgent de comprendre et de répondre aux enjeux présents et futurs des océans. La Terre est décidément bien bleue, mais très fragile.

Nouvelles récoltes

Mieux connaitre ce monde vivant invisible qui peuple l'océan et que les chercheurs appellent « microbiome », c'est l'ambition du projet « Mission Bougainville », initié par l'Institut de l'Océan. « Il y a, dans chaque litre d'eau de mer, entre 10 et 100 milliards d'organismes – virus, bactéries, protistes et animaux – qui forment le plus grand réseau planétaire de vivants. Ce réseau composé d'organismes invisibles à nos yeux, existe et évolue depuis quatre milliards d'années, et s'est diversifié en des millions d'espèces et des centaines de millions de gènes qui interagissent entre eux et avec les éléments physiques et chimiques de la surface terrestre, pour créer la fine couche habitable qui couvre notre planète depuis le fond des mers jusqu'à la basse atmosphère. Avec le microbiome, tout a commencé : la vie telle que nous la connaissons a fini par naître, mais continue aussi d'exister ; d'où l'importance de l'étudier », détaillait en février dernier, au sommet « One Ocean Summit » à Brest, Colomban de Vargas, directeur de recherche au CNRS à la station biologique de Roscoff et à la tête de ce projet. Si des collectes de ce genre avaient été jadis concluantes, avec la goélette d'expédition *Tara* et des voiliers de plaisance, elles changent de dimension avec le concours de la Marine nationale. À l'issue d'une campagne d'expérimentation concluante, réalisée fin 2021 en mer d'Iroise avec le bâtiment logistique *Rhône*, un prochain déploiement est envisagé avec la *Garonne*, ainsi qu'à plus long terme sur des bâtiments déployés outre-mer. L'envoi prochain d'étudiants ou de doctorants pour des missions de courte durée et en qualité d'« officiers biodiversité », est aussi à l'étude. Nul doute qu'avec pareils programme et montée en puissance, la « récolte » de microbiome océanique va permettre de comprendre la biodiversité, les fonctions, ainsi que les mécanismes écologiques et évolutifs de cette majorité vivante qui régule le climat et la physiologie du système Terre. « L'une des aventures scientifiques les plus excitantes du siècle », insiste son chef de programme, avant d'enfoncer le clou : « Il y a également urgence à comprendre la résilience et l'adaptation du vivant dans son ensemble face aux changements brutaux infligés à la biosphère par les sociétés humaines depuis la révolution industrielle ». Les sciences océaniques sont décidément passionnantes. – **SD**

Ci-contre :
Expériences scientifiques en mer, dans le cadre des recherches du Biodiversarium de Banyuls-sur-Mer.

MICROBIO
2

Reportage

MUMBAI : PARFUMS DE MER ET D'ÉPHÉMÈRE

Texte de **Cléa Chakraverty**

En 2050, à cause du réchauffement climatique, Mumbai et ses lieux emblématiques, Haji Ali, Colaba, le Bandra-Worli Sea Link, les koliwada, une communauté de pêcheurs, les mangroves et les animaux seront engloutis par les eaux.

Je pousse avec d'infinies précautions la grille branlante au vernis écaillé qui tient lieu de porte d'entrée. Mon immeuble suinte l'humidité, dégouline d'iode, d'eau, éreinté par l'atmosphère marine, le climat et les moussons successives. Je n'ai jamais su définir la couleur originelle des murs.

Le sel s'est immiscé partout, a méthodiquement attaqué les structures métalliques de la bâtisse, grignote les gonds rouillés du portail. Il s'attarde dans les petits cheveux de ma nuque, se dépose sur mes vêtements à mesure que je marche vers la côte. Je le sais : dans un moment, cette moiteur se mêlera à ma sueur, aux effluves de crevettes séchées et à celles des déjections humaines.

À Mumbai, la mer est corrosive. Poisseuse et âcre, elle s'invite en vous, vous prend aux tripes et vous rejette sur l'estran souillé par le quotidien. Ses eaux sont métalliques et festives, ses marées noires et furtives. Les courants emportent leur lot d'imprudents ; parfois, dans un tourbillon de plastique, ils refoulent aussi quelques guirlandes d'œillets jaunes jetées aux flots avec une prière – peut-être adressée à Mumbadevi, la déesse hindoue qui a donné son nom à la ville.

La mer, une respiration

Bordée à l'ouest par la mer d'Arabie et, à l'est, par les docks et les chantiers navals, la ville se tortille sur un axe nord/sud tel un tentacule qui ne cesse de déployer de nouveaux gratte-ciel et bidonvilles – les *bastis*. On s'y empile les uns sur les autres, les uns au-dessus des autres. Plus de 21 millions d'âmes y survivent, bon an mal an. Certaines, dont je fais partie, ont la bonne fortune d'habiter à quelques encablures de la côte ouest ; soit une cinquantaine de kilomètres de littoral ponctué de béton et de roches, qui s'étire d'Aksa Beach tout au nord, à Colaba et son arche iconique, Gateway of India, tournée vers le sud et la côte du Konkan.

À Mumbai, inévitable, omniprésente et nulle part à la fois, la mer offre une respiration. Elle est aussi fatale. Longs doigts effilés, bordés d'habitations de tôle et de canalisations aux eaux usagées, les goulets accueillent indistinctement forêts de mangrove en disparition et bulldozers prédateurs. Quand viennent les pluies torrentielles de la mousson, les riverains n'ont aucune chance.

Je marche à l'ombre des feuillus sur Khar Dandha Road, naviguant le long du trottoir défoncé entre les auto-rickshaws endormis, les premières berlines lancées à toute vitesse sur la chaussée encore vide et les vendeurs à la sauvette qui s'ébrouent. Je bifurque vers Chuim Village, le quartier des pêcheurs. Dans les ruelles fatiguées reposent des filets ; éclairs de nylon bleu attendant des jours meilleurs.

Une mer sacrée

Pour éviter la chaleur de ce mois de mai pré-moussonique, je me suis levée à 5 heures pour rejoindre Carter Road, langue bétonnée bordant la côte de la plus branchée et recherchée des banlieues ouest : Bandra, un mix de Brooklyn, Mar Mickaël et Soho.

« Aller voir la mer » est devenu pour moi un rituel quasi quotidien dans cet océan de béton. Arrivée sur la promenade, je croise les habitués : le voisin du deuxième qui, après son parcours CrossFit, se ruera certainement à la salle de gym dès l'ouverture ; un groupe de retraités balançant leurs bras d'avant en arrière pour un yoga matinal face à la mer ; trois *aunties*, amples matrones en baskets et *salwar kameez* – tuniques et pantalons flottants – effectuent de bien laborieux allers-retours, ponctués de soupirs et de commentaires sonores sur le voisinage. Tous sont suivis de près par les frêles silhouettes des vendeurs ambulants, prêts à dégainer une noix de coco crémeuse, un jus de canne fraîchement pressé ou une bouteille d'eau minérale Bisleri.

Derrière moi, sur un terrain ocre et poussiéreux, des femmes Koli – communauté de pêcheurs autochtones – s'activent au-dessus de bassines. Elles pourraient passer pour des lavandières affairées à étendre leur linge sur d'immenses fils de fer. Mais il s'agit de crevettes et de *Bombay ducks* – poissons blancs et mous – qu'elles s'empressent de faire sécher pour la saison avant que la mousson n'empêche les hommes de prendre la mer. L'odeur pestilentielle prend à la gorge, elle fait tousser : les exhalaisons d'entrailles de poisson collent l'air. Un autre effluve, écœurant mélange d'ammoniaque et de matière organique, indique que le vent a changé de direction. Il souffle désormais depuis la petite grève grise en contrebas, semblable à tant d'autres, où les plus pauvres viennent déféquer en rang d'oignons.

Hormis ces espaces souillés, faute de mieux, la mer est sacrée et tenue à distance. À Mumbai, rares sont celles et ceux qui savent nager.

En ouverture : Mumbai, monument de Gateway of India.

Ci-dessus : Mumbai, Chowpatty, pêcheurs sur la plage.

La brume de chaleur matinale me cache la pointe de l'île Madh, qui se détache de la baie de Juhu Versova. Peu escarpée, toute la côte est une succession de criques sans relief. Là-bas plus au nord, après les studios de cinéma et les boîtes de production, après les plages de pêcheurs et les autoponts interminables, une myriade de banlieues s'égrène vers les limites de la ville à mesure qu'elles éloignent les indigents du littoral et de la « bonne baie » – la vieille « Bombay ».

Le quartier des vedettes

Je poursuis ma route vers Bandstand. Cette seconde promenade chic de Bandra est à l'image des transformations qu'a subie la ville : sept îles – Colaba, Old Woman's Island, Bombay, Mazgaon, Parel, Mahim et Worli – colmatées par l'humain au cours de deux siècles. La vie s'y élève à la verticale. Je grimpe jusqu'à la basilique Notre-Dame-du-Mont et sa *Stella Maris* qui domine la mer, coincées entre d'anciens bungalows goanais, un village de pêcheurs hindous et un bidonville musulman – rappel flamboyant de cette cacophonie religieuse qu'est l'Inde.

En redescendant, je me heurte aux groupes de touristes venus de Nasik, Ahmadnagar ou même de Thane ; villes de la région dont la plupart des habitants n'ont vu la mer que dans les films de Bollywood. Familles, amis, collégiens se précipitent vers le rivage, gage d'un ailleurs souvent rêvé, ou choisissent de lui tourner le dos, guettant l'apparition d'un des nombreux acteurs installés dans le quartier. Un auto-rickshaw nous frôle, listant bruyamment à ses passagers le nom de ces étoiles inaccessibles et leurs demeures sises juste au-dessus des flots. Celle de Shahrukh Khan, peut-être la plus grande star indienne, a pour nom Mannat – « vœu » ou « désir », en ourdou. Sa façade en colonnades et ses six étages, évalués à plus de 330 millions de dollars, symbolisent la réussite passée ou à venir de tous ceux qui, comme le « roi Khan », sont partis de rien.

De la pointe toute proche de Land's End, la fin de terre créée par l'homme, j'aperçois le rutilant pont Rajiv Gandhi – mais personne ne l'appelle ainsi ; on lui préfère plus prosaïquement Bandra-Worli Sea Link. Inauguré en 2009, il relie Bandra et le quartier de Worli, et épargne quarante-cinq minutes d'embouteillages à ceux qui peuvent se permettre d'en payer l'entrée – soit une toute petite fraction de la population. Son ossature métallique se hisse dans la pollution brumeuse, éclipsant par sa seule présence la baie de Mahim. La voie littorale qui mène au pont, Bandra Reclamation, signale là aussi cette terre artificielle déversée sur la mer, faisant fi des marées et de la mangrove protectrice.

La Zebida de Barberousse

Ici et là, des motos à l'arrêt marquent les abords du chemin piétonnier. En contrebas ou sur le parapet, des couples s'absorbent les uns dans les autres. Un homme caresse amoureusement les courbes de sa compagne – peut-être son épouse, son amante ou une *hijra* – dissimulée sous sa burqa noire. Un peu plus loin, deux adolescents mélangent leur salive, bravant les rochers noirs et les brise-lames, face à la mer ; une joue contre l'autre, sans crainte des regards désapprobateurs de leurs familles ou les rondes de la police – prompte à soutirer un bakchich pour « démonstration publique d'affection ».

J'attrape un Kali Pili, ces taxis jaunes et noirs, derniers du genre, pour traverser la baie de Mahim. Worli et sa communauté de pêcheurs Koli sont en sursis. Je surnomme mentalement mon chauffeur Barberousse. Sous sa calotte immaculée, ses sourcils gris et arqués soulignent la *zebiba* – la marque calleuse des dévots – imprimée sur son front. Comme tant d'autres, depuis quarante ans, il espère rentrer chez lui – peut-être cultiver des cerises au Cachemire sur la parcelle des grands-parents, divisée d'abord en 8 parts, puis en 12, puis en tellement de morceaux qu'il ne sait plus ce qu'elle vaut. « En attendant, répète-t-il, indiquant l'horizon voilé d'un large geste de la main, il y a Mumbai, qui m'a offert tout ça, et un jour, *Inshallah*, mon fils ira là-bas, aux Émirats, tu vois ; loin là-bas, de l'autre côté, à Oman, à Dubaï, il y a des opportunités pour nous, de l'autre côté. Tout le monde veut de la main-d'œuvre indienne qui parle anglais, c'est comme ça. » Le véhicule fléchit avec la vitesse sur la route incurvée. À l'est du pont, une péninsule se détache, le fort de Worli et ses pêcheurs absents. « Pour eux, c'est terminé », hoche de la tête mon *taxi wallah*, le visage fermé, désignant les embarcations multicolores au mouillage ; « il faut qu'ils se reconvertissent maintenant. » Les chantiers des nouvelles voies littorales, prévues d'ici à 2023, ont emprisonné la petite communauté de marins. J'observe les reflux de ciment et de béton teinter l'eau d'un gris-brun tourbé, peut-être indélébile. J'arrête le véhicule à hauteur du mausolée de Haji Ali.

De la crique, on l'aperçoit facilement. La mosquée-mausolée défie la gravité. Nuage de marbre blanc, elle jaillit au creux de la baie. Si la marée est favorable, il est alors aisé de traverser le môle incurvé, cour des miracles étroite et étourdissante, pour pénétrer au cœur de ce joyau de l'architecture indo-saracénique. Le divin y frôle le profane. Les couples viennent

« Aller voir la mer » est devenu pour moi un rituel quasi quotidien dans cet océan de béton. Arrivée sur la promenade, je croise les habitués.

chercher la bénédiction du *pir*, saint soufi ; les rêveurs se laissent happer par la transcendance des qawwalis – ces chants dévotionnels aux mélodies entêtantes. Les notes rebondissent sur les parois ciselées aux sourates du Coran, les voix montent au ciel. Un dernier appel à la beauté, un éveil à la contemplation avant que les vagues n'envahissent à nouveau la jetée et viennent se briser sur cette boursouflure nacrée, élevée au-dessus des eaux.

Haji Ali marque la frontière invisible avec le littoral sud de la ville, là où la mer a été domptée par les Britanniques et les riches marchands gujaratis qui leur ont succédé. Ici, la mer appelle à un ailleurs qui se nomme Dubaï, Anvers, Londres, New York ou Paris – sans ordre particulier. Elle dessine des courbes régulières le long des côtes plates de Breach Candy ou de Priyadarshini Park jusqu'à la colline de Malabar Hill et Walkeswar, dominée par les temples jains et les sanctuaires hindous – repères des diamantaires qui peuplent cette partie de la baie.

On dit qu'il ne fait pas bon se perdre sur les quais de Darukhana. On dit que les esprits faibles sont possédés ici, au bord de cette eau saumâtre où se baignent les familles des employés des chantiers navals.

Le collier de la reine

Étrangement, à mesure que je descends vers le sud, vers Back Bay, la mer semble plus inaccessible, plus fugace aussi, comme avalée par le faste qui l'entoure. Je passe rapidement Girgaon, rare langue de sable jaune parmi les plages caillouteuses, striées de rochers plats et gris. Le sable colle. Il me rappelle les éclaboussures de sodas, les maillots d'hommes trempés de sueur, les cris exaltés et la ferveur des processions qui se précipitent vers le rivage pour l'immersion annuelle des Ganesh de plâtre et de plastique. La mer disparaît.

Je parcours Marine Drive sous le souffle indolent des palmiers géants, me frayant un chemin entre les coureurs aux corps soit trop flasques soit trop musclés. Au loin, au milieu de la crique j'essaie de deviner où devrait se dresser la future statue équestre de 212 mètres de haut, imaginée en hommage au guerrier marathe Chhatrapati Shivaji – symbole du gigantisme et des politiques identitaires. Le crépuscule descend sur la baie et les lampadaires s'allument, la promenade honore son surnom de « collier de la reine ».

Les bus et voitures partagées déboulent à toute vitesse de Nariman Point et Cuffe Parade, la pointe des affaires. Entre chaque immeuble, réminiscence des années 1960, un bref éclair mousseux au bout d'une rue rappelle la mer toute proche. Je me hâte à contresens du flot des employés de bureau, pressés de retrouver leurs trains des banlieues nord, vers les docks de Colaba.

L'eau poisseuse et collante de la chair à poisson s'engouffre jusqu'à la grille qui marque l'entrée de la criée. Les quais sont déserts, les pêcheurs prendront bientôt la mer. Un vieux banian enrubanné – figure récurrente des cérémonies religieuses – penche mollement vers un môle délabré. Dans quelques heures, les femmes Koli investiront de nouveau les lieux, pieds nus sur le bitume, découvrant leurs bagues aux orteils, le sari fermement noué en pagne entre les jambes, des paniers tressés inamovibles sur le crâne, à attendre le retour de leurs hommes. Je hume ce parfum de passé et d'éphémère. Déjà, les investisseurs lorgnent ce bout de terre.

Les flamands rose de Sewri

Je remonte doucement Colaba Causeway, la rue mythique des routards européens et de leurs bars fétiches, jusqu'au Gokul et ses allures de rade. Dealers nigériens, hommes d'affaires lubriques, touristes encanaillés et *escorts* bon marché s'y frottent dans la pénombre. À quelques mètres de là se dressent, majestueux, le Taj Hotel et la Gateway of India – l'arche créée par l'Écossais George Wittet pour commémorer la venue de George V. Si le roi n'a jamais posé pied dans la ville, c'est sous cette arche que les dernières troupes britanniques ont quitté le pays, marquant, en 1948, la fin de l'occupation étrangère. Amère, elle a été aussi le premier repère de ceux qui ont débarqué silencieusement ce dernier week-end du mois de novembre 2008, AK-47 au bras, déterminés à semer la mort et la terreur, du port au cœur de la cité.

Aujourd'hui, l'arche est essentiellement colonisée par des hordes de vendeurs de ballons colorés géants *made in China*. Derrière, l'embarcadère branlant attend ses touristes pour une visite éclair de la côte et ses promesses d'ailleurs.

Je monte à bord de l'un de ces ferries bruyants. J'observe les familles de touristes indiens, replètes et sûres d'elles. Un homme à Ray Ban beugle dans son smartphone, les enfants se disputent la perche à selfie, les femmes distribuent des biscuits Marie, puis jettent les emballages et leurs restes à l'eau. Mais je délaisserai le voyage vers les grottes mythiques d'Élephanta pour leur préférer les docks est. De Victoria à Mazgaon et au-delà, l'activité portuaire y est avant tout commerciale et industrielle.

On dit qu'il ne fait pas bon se perdre sur les quais de Darukhana. On dit que les esprits faibles sont possédés ici, au bord de cette eau saumâtre où se baignent les familles des employés des chantiers navals. Ils vivent sous des tentes de tôles avec, pour tout horizon, les entrailles noires et rouillées d'un immense navire européen en démolition. La mer à nouveau dans mon dos, je me perds vers le mausolée Hazrat Pir Syed Ali Mira Datar, où se pressent des centaines d'individus vêtus de blancs ; des femmes surtout, qui se frappent et tournent sur elles-mêmes, les yeux révulsés. Je fuis l'exorcisme collectif, je cours presque maintenant, je zigzague dans les venelles où s'entassent d'énormes ancres et des moteurs en pièces détachées, jusqu'à retrouver le chemin de la ville.

À une dizaine de-kilomètres à peine, dans quelques heures, au lever du jour, les vasières de Sewri frémiront et, dans un bruissement ailé, les flamants roses recouvriront la baie. – CC

Mumbai, plage populaire de Juhu.

AU FOND DE L'OCÉAN, TOUT LE MONDE DESCEND

STATION MARINE DE CONCARNEAU

Texte de **Lize Veyrard**

Elle est la plus ancienne station marine du monde. Elle se consacre à l'éventail du vivant, à la faune et la flore marines.
Rencontre avec sa directrice, Nadia Améziane, figure de proue particulièrement énergique.

Au-dessus de la mer, un palais de chercheurs

De la fenêtre du bureau de Nadia Améziane, directrice de la station marine de Concarneau, on entend les vagues s'échouer contre les rochers. La mer est calme, la houle nous berce comme à bord d'un bateau. Passionnée, animée, chaleureuse : ces adjectifs cardinaux caractérisent la chercheuse, capitaine d'une institution historique. Au bout du couloir où s'affairent les matelots-chercheurs dans les laboratoires, elle garde un œil sur l'océan, qui parfois frappe à sa fenêtre, comme ce jour de tempête dont elle se souvient encore. Tout de bois meublé, les effluves salées s'y mêlent au parfum forestier : l'alliance de la mer et de la terre dans un décor qu'aurait aimé Jules Verne et que visita Gustave Flaubert

Partout, les manuscrits-grimoires, et des instruments datant pour certains des premières années d'activité de la station, ravivent la mémoire des lieux, alors que Nadia Améziane nous conte les origines du dessein de Victor Coste, en 1859. Professeur au Collège de France, et médecin de l'impératrice Eugénie, il y dédie ses recherches à l'élevage des animaux marins : huîtres, homards, poissons. Aujourd'hui, on y cultive les esprits, la recherche et l'innovation, sous le regard bienveillant de ce pionnier dont les portraits ornent les murs. Depuis huit ans, Nadia Améziane, a posé ses valises sur le quai de la Croix et chaussé les bottes de son illustre prédécesseur.

Itinéraire d'une trouveuse

De la mer, cette ancienne nomade connaissait la couleur, mais c'est à son arrivée dans la petite ville bretonne qu'elle est tombée dans ses filets. Enfant des montagnes, elle collectionnait les fossiles, les minéraux et surtout les quartz, ramassés au fil des promenades familiales, consciencieusement entreposés et classifiés. Sa fascination tenace la poursuit au-delà de l'âge de raison. C'est décidé : elle étudiera la géologie, plus particulièrement la minéralogie. À Lyon, où elle entame ses études, Nadia Améziane est l'une des quatre seules femmes de sa formation, mais, déjà, rien ne peut la faire fléchir. Cet enthousiasme, cette énergie vitale, cette pugnacité s'exaltent aujourd'hui encore avec une force peu commune. À l'université de Lyon, encore loin des rivages finistériens, elle retrouve les formes fossiles, les observe toujours de plus près, se spécialise en palethnologie lors de son master et se passionne par les crinoïdes, de petits animaux marins à l'allure végétale parfois surnommés « lys de mer ». Peu à peu, un doux parfum iodé voyage jusqu'à l'ancienne capitale des Gaules. Puis prend ses quartiers lors de son doctorat consacré à l'impact des variations de l'environnement sur les morphologies particulières des fossiles, l'amenant à porter son attention sur des formes vivantes, et plus particulièrement les organismes marins. Début de l'appareillage : le vent la portera bientôt jusqu'à la ville bleue. Depuis, la chercheuse – ou plutôt la « trouveuse » comme avait l'habitude de l'appeler son fils – s'attèle à animer, développer et faire rayonner la pépinière concarnoise de la rose des vents.

Loin de se contenter de se consacrer à la recherche, à l'enseignement, à l'expertise et à la diffusion des connaissances, la station renferme aussi des collections en constante évolution qui déploient des outils anciens, mais aussi l'éventail du vivant comme la faune et la flore marines. Derrière les vitrines du Marinarium, le public découvre les résultats des recherches des scientifiques et historiens qui ont parcouru les coursives de cette nef des fous de la connaissance. Des premières expériences d'aquaculture à l'étude des nombreux organismes du plancton, en passant par les nouvelles molécules thérapeutiques, le visiteur est plongé dans les profondeurs marines, s'imprègne de leurs mystères et miracles.

L'appel du Vivant

Nadia Améziane et ses équipes redoublent d'efforts et d'imagination pour sensibiliser les amateurs néophytes – en Bretagne et au-delà –, les élus, mais aussi des étudiants de tous bords et des industriels curieux aux enjeux de la biodiversité et au respect du Vivant. Une notion essentielle au cœur du projet scientifique mais aussi éthique de la chercheuse, et de tout son équipage. Un Vivant réunissant le minéral, le marin et l'humain, comme Nadia Améziane aime le rappeler. Une humanité qui ne se situe ni au-dessus ou en-dehors de ce Vivant et qui ne peut avancer et perdurer sans accepter de l'épouser et de l'accueillir pleinement. En réalité, l'homme n'est qu'un élément de la biodiversité. La protéger permet de renouer avec sa véritable nature, et de nous préserver tous. C'est peut-être ici sa conviction la plus intime, l'enjeu principal de ses travaux et du projet de la station. Au quotidien, les chercheurs associés interviennent ainsi auprès d'écoliers avec l'aquarium Océanopolis, mais aussi de lycéens, immergés pendant une semaine à leurs côtés, ou encore de jeunes adolescents concarnois à travers le projet « Territoire Concarneau », visant à les sensibiliser aux métiers de la mer,

Oui, il est encore temps d'agir. L'océan brûle, mais l'incendie peut être étouffé, la catastrophe évitée. Il nous est toujours possible de troquer notre costume de pyromane pour celui de pompier. Tout est question de volonté.

à la fragilité de son écosystème et aux enjeux de sa préservation. La chercheuse pense-t-elle donc qu'il soit encore possible de sauvegarder cette biodiversité menacée ? Dans un sourire chaleureux et volontaire, elle énonce les deux mêmes grands principes que lors de ses prises de parole auprès des plus jeunes, mais aussi, parfois, des anciens. Oui, il est encore temps d'agir. L'océan brûle, mais l'incendie peut être étouffé, la catastrophe évitée. Il nous est toujours possible de troquer notre costume de pyromane pour celui de pompier. Tout est question de volonté. L'espoir demeure, il s'agit maintenant de le cultiver. Il faudra cependant être patient, laisser le temps à la nature de panser les plaies ouvertes, et se régénérer. Elle en est capable, les observations des scientifiques de la station le prouvent : le vivant s'adapte, renaît parfois de ses cendres, à son propre rythme. Cette patience active sera peut-être la rédemption des futures générations.

De ces heures passées en compagnie de NadiaAméziane au cœur de cette montagne magique iodée, on retient la vague de son énergie. Une énergie partagée qui résonne dans les couloirs tentaculaires de la station, habités par des experts, scientifiques et historiens reconnus de part et d'autre de la planète. Animés par la même ardeur, ils s'évertuent chaque jour à explorer plus en profondeur la biodiversité, de Concarneau à l'océan Austral. Guère étonnant que la station, la plus ancienne au monde encore en activité, sans doute l'une des plus renommées, attire des chercheurs de chaque coin du globe. Face à cette effusion, cette créativité débordante, difficile de ne pas se sentir infiniment petit. Après tout, nous ne sommes faits que de cellules, comme les microalgues et l'ichtyoplancton (larves de poissons) dont les équipes de la station explorent justement l'éventail de la biodiversité. Cultivons notre plancton si nous voulons que l'océan demeure un jardin bleu.

En ouverture :
Station marine de Concarneau, Muséum National d'Histoire Naturelle.

À gauche :
Professeure Nadia Améziane, cheffe de la Station marine de Concarneau, Muséum National d'Histoire Naturelle.

Ci-contre :
Station marine de Concarneau, Eugène Biétrix dans son laboratoire.
Avec son compère Paul Fabre-Domergue, ils mirent au point l'élevage de la sole, en 1905.

Rhodomenia laciniata.

TRÉSORS CACHÉS DU MUSÉUM NATIONAL D'HISTOIRE NATURELLE

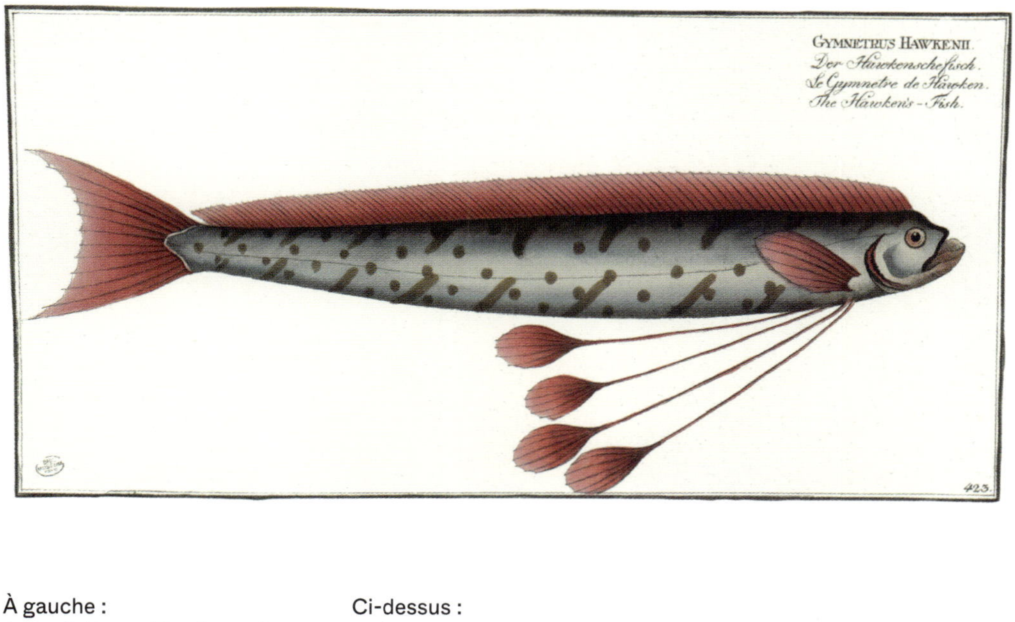

À gauche :
Anna Atkins, « Rhodomenia laciniata », cyanotype sur papier dans Biography and Photographs of British Algae.

Ci-dessus :
en haut
Bernard Duhem, Coelacanthe. Latimeria chalumnae Smith 1939, aquarelle sur vélin, 1997.

en bas
J. F. Hennig, Le Gymnètre Hawken, planche gravée et peinte à la main.

Programme « La Planète Revisitée », expédition maritime « Atimo vatae ». **1.** *Cardisoma carnifex* | **2.** *Lysmata amboinensis*

| **3.** *Simocarcinus* | **4.** *Odontodactylus scyllarus* | **5.** *Calcinus Elegans* | **6.** *Xanthias maculatus*

DUMAS à la grand-voile

Claude Schopp

Photographies de **Gustave Le Gray**

Alexandre Dumas est
un écrivain océanique.
Il a dévoré la vie, les voyages,
les rêves – souvent en mer
et à bord des bateaux.

La vie et l'œuvre d'Alexandre Dumas composent un hymne amoureux à la mer qu'il chante après Byron, son maître en révolte et en littérature :

« Lord Byron a dit, dans son poème de *Don Juan* :

"Ô mer, le seul amour auquel je fus fidèle[1] !"

Ce vers du poète anglais est bien souvent revenu [sic] à ma mémoire dans ces heures de mélancolie où l'on sent que quelque chose d'inconnu vous attire à soi. [...] Si j'avais eu le bonheur d'être un poète lyrique [...] au lieu d'être tout simplement un poète dramatique comme je le suis, je sens que la mer, soit la Méditerranée à la robe bleue, soit l'Océan à la tunique verte, eût eu mes strophes les plus passionnées.

[...] Aussi, combien de fois m'est-il arrivé, sans raison apparente, sans motif visible, sans pouvoir donner une cause plausible à mon départ, de quitter tout à coup Paris, de me jeter dans une chaise de poste, dans une diligence, dans un wagon, en criant :

– À Dieppe ! au Havre ! à Trouville ! ou à la Délivrande !

J'allais chercher, au bord des flots, ma chère solitude ; [...] j'allais prier Dieu d'écouter ce que j'avais à lui dire ; j'allais demander à Dieu s'il n'avait pas quelque chose à le répondre.

Et, chaque fois, je revenais plus fort ; car j'avais l'infini dans le cœur[2]. »

Une anecdote plaisante se rattache au séjour de Dumas à Trouville – dont il revendiquait la découverte. Le lendemain de son arrivée, bon nageur se baignant assez loin en mer, il est rejoint par un gigantesque poisson à l'inquiétant voisinage : aussi se met-il à nager de toutes ses forces afin de fuir le monstre qui, trop près de lui, multiplie les culbutes. Reprenant pied, l'homme prend sa course vers son auberge où, après avoir traversé le bourg en caleçon, il se munit de sa carabine ; ce qui lui attire de la part de son aubergiste, la fameuse mère Oseraie, cette réplique goguenarde :

– Jésus Dieu ! C'est donc pour chasser dans le paradis terrestre.

Tout compte fait, le poisson n'est qu'un marsouin.

Mais son rêve marin projette l'écrivain infiniment plus loin que les stations balnéaires normandes citées : dès 1834 – il a alors trente-deux ans –, il met tout en œuvre pour monter un voyage autour de la Méditerranée – tout de poésie, d'histoire et de science, assure-t-il, qui manque non seulement à la France, mais encore à l'Europe. Il visitera la Corse, la Sardaigne, l'Italie, la Sicile, la Grèce, la Turquie, l'Asie Mineure, la Palestine, l'Égypte, les côtes d'Afrique, les États barbaresques, l'Espagne ; c'est-à-dire, à mesure des étapes, les mondes successifs de Napoléon, d'Auguste, de Constantin, du Christ, de Sésostris, de Mahomet, d'Annibal et du Cid.

L'écrivain voyageur s'enchante par avance des villes qu'il verra se lever à l'horizon : Rome, Syracuse, Venise, Athènes, Constantinople, Jérusalem, Thèbes, Alexandrie, Carthage et Grenade.

Le grandiose projet connaît un début d'exécution : pendant une demi-année, de juin à décembre 1835, il sillonne les routes de la péninsule italienne et navigue sur la mer Tyrrhénienne et sur la mer Ionienne à bord du *speronare Santa Maria di Pie di Grotta* du capitaine Arena, « charmant petit bâtiment de la force d'un chasse-marée, [...] coquettement peint en vert et en rouge[3] », avec lequel, moyennant huit ducats par jour, Dumas effectue la demi-circumnavigation de la Sicile, de Naples à Agrigente, avant de retrouver Palerme et, de là, après des excursions dans les îles éoliennes, Lipari, Vulcano, Stromboli, il longe la côte de Calabre avant de retourner sur la terre ferme, à Naples.

Ces mois en mer, au cours desquels se succèdent trombes, tempêtes, calmes, lui font présent d'instants d'effroi, mais surtout d'inestimables moments de bonheur, dont, vingt ans plus tard, il se souviendra avec gratitude, comme cette nuit passée en rade de Palerme : « J'eus une de ces nuits merveilleuses où l'on jouit par tous les

1. « Apostrophe to the Ocean », *Childe-Harold's Pilgrimage, a romaunt, chant quatrième,* CLXXXIV, vers 1812-1818 : « And I have loved thee, Ocean! and my joy / Of youthful sports was on thy breast to be / Borne like thy bubbles, onward. »

2. Alexandre Dumas, *Le Chasseur de Sauvagine*, préface datée du 15 novembre 1857.

3. Alexandre Dumas, *Le Sperorare*, 1842.

sens de tous les enchantements de la nature : ciel profond, mer transparente, étoilée, splendide, parfums de la plage, senteur des flots, frémissement de l'invisible autour du réel ; tout semblait réuni pour me faire oublier ce que je venais de perdre ou pour me faire comprendre que ce que je venais de perdre me manquait seul pour faire de moi un des privilégiés de la création[4]. »

Ce qu'il venait de perdre, c'était la sublime cantatrice Caroline Ungher avec qui, pendant un mois et demi, il n'avait eu « qu'un cœur, qu'une existence, qu'une haleine.

“Oh ! pendant ce mois et demi, Dieu, j'en suis sûr a regardé plus d'une fois du côté de Palerme.”[5] ».

Ce tour de la Méditerranée très inachevé engendre d'abondants récits, publiés sous les titres d'*Une année à Florence*, du *Corricolo*, du *Speronare*, du *Capitaine Arena*, de *La Villa Palmieri* et le surtitre d'*Impressions de voyage*. Ces *Impressions de voyage* forment un genre aux lois fantasques, qui ne constitue pas une simple relation de voyage, mais intègre des écrits de genres différents : chroniques historiques, contes, traditions et légendes – recueillis en route et mis dans la bouche de locuteurs –, nouvelles contemporaines.

4. Alexandre Dumas, *Une aventure d'amour*, préface de Dominique Fernandez, textes établis, présentés et annotés par Claude Schopp, Plon, 1985, p. 111.

5. *Ibid.*

Il se souviendra avec gratitude, comme cette nuit passée en rade de Palerme : « J'eus une de ces nuits merveilleuses où l'on jouit par tous les sens de tous les enchantements de la nature ».

Dix ans après le long voyage inaugural, invité au mariage à Madrid du duc de Montpensier avec l'infante Luisa Fernanda, il reprend le voyage abandonné. La cérémonie passée, l'écrivain se dirige vers Cadix où l'attend *Le Véloce*, bâtiment à vapeur chargé – comme il en a été convenu entre lui et Salvandy, ministre de l'Instruction publique – d'attendre l'écrivain, puis de le transporter à Alger. Le ministre a donné à l'écrivain la mission de populariser la colonisation de l'Algérie, en écrivant un ouvrage chargé de faire connaître ce pays aux Français. Grâce au *Véloce*, beau et brave bâtiment, tenant puissamment la mer et se comportant à merveille par gros temps, l'écrivain ne s'arrête pas seulement à Alger ; il prolonge son expédition jusqu'à Tunis – à petites journées, car ce *Véloce* ne l'est pas autant que son nom l'indique. La cause en est sa chaudière trop petite pour sa taille, son mouvement trop faible pour sa corpulence ; c'est un mauvais marcheur, ne filant, dans ses beaux jours, que sept ou huit nœuds à l'heure.

À son retour en France, une tempête parlementaire se lève contre le « célèbre entrepreneur de feuilletons » qui aurait été chargé d'une mission pour aller explorer l'Algérie. M. de Castellane s'indigne qu'un bateau à vapeur de la marine royale, *Le Véloce*, aurait été détourné de sa destination, envoyé à Cadix, y aurait été prendre « ce monsieur » et mis dès lors à sa disposition absolue, et, s'il faut même l'en croire, sous ses ordres immédiats, l'aurait successivement porté à Oran, à Alger, à Tunis, à Bône, à Philippeville, et ramené enfin dans la capitale de nos possessions d'Afrique.

L'auteur des *Trois Mousquetaires* et son « merveilleux talent » trouve en Delphine de Girardin un soutien : « Et c'est un pareil homme qu'on ose appeler *un monsieur* ! Mais un monsieur, c'est un inconnu, un homme qui n'a jamais écrit un bon livre, qui n'a jamais fait une belle action ni un beau discours, un homme que la France ignore, dont l'Europe n'a jamais entendu parler. Certes, M. Dumas est beaucoup moins un marquis que M. de Castellane, mais M. de Castellane est beaucoup plus *un monsieur* qu'Alexandre Dumas[6]. »

Le monsieur en question semble abandonner ensuite le voyage maritime au long cours autour de la Méditerranée dont il a rêvé. Certes, celui qui est un de nos plus célèbres écrivains touristes, continue-t-il à voyager, mais il classe les nouveaux voyages

6. Delphine de Girardin, lettre du 21 février 1847, *Lettres parisiennes*, Plon, 1861.

En ouverture :
Brick sur l'eau, 1856.

Double page précédente :
Rue de Tolède, à Palerme.
Barricade du général István Türr, 1860.

Ci-contre :
Portrait de Giuseppe Garibaldi, 1860.

Double page suivante :
Le Saïd, rade de Sète, Méditerranée.

qu'il entreprend en fonction du pèlerinage primitif. Il y a ceux qui en constituent la suite – Espagne et Afrique du Nord – et ceux qui en sont la préparation – Allemagne, Hollande, Angleterre, Russie, Caucase –, le voyageur poursuivant son entraînement, « comme un joueur de paume qui, pour se tenir en haleine, pelote en attendant la partie[7] ».

Il pelote donc au retour de son périple russe, qui a duré huit mois et qui s'achève par la traversée du Caucase. La route passe par Constantinople, dont où l'on imagine le voyageur se ruant sur les merveilles monumentales. Le lecteur est vite détrompé. L'écrivain brûle l'escale. La raison ? « Je visitais donc Trébizonde malgré moi. Trébizonde n'était point comprise dans le voyage que je venais de faire ; c'était une des étapes de celui que j'allais faire, et j'ai pour principe d'accomplir chaque chose en son temps. Voilà pourquoi je n'ai pas vu Constantinople, quoique je sois resté six jours à l'ancre en face de la Corne d'or[8]. »

Le voyage qu'il allait faire est une réplique du voyage de 1835, autant dire le recommencement d'un rêve interrompu. À nouveau, les mêmes noms reviennent, patronymes et toponymes ; les noms se pressent : Nazareth, Bethléem, le Thabor, le Jourdain, la mer Morte, Jéricho, le Jardin des Oliviers, Gethsémani – voilà pour les localités. Salomon, David, Jérémie, Alexandre, Pompée, Hérode, César, Jésus, Titus, Constantin, Hélène, Godefroy de Bouillon, Soliman, Baudoin, Philippe Auguste, Richard Cœur de Lion, Kléber, Chateaubriand, Lamartine.

L'Emma, ce cygne de Liverpool, semble épouser les rêves : « une fois appuyée à la mer, elle glisse sur l'eau sans faire un mouvement ; tout semble facile à cet oiseau de l'Océan [...] ; même en naviguant au plus près – ce qui, à part le calme, est l'allure la plus fatigante –, son tangage est à peine sensible.

« N'est-ce pas un voyage valant bien la peine que je travaillasse vingt-cinq ans à l'accomplir », s'exclame-t-il.

Pour la grande pérégrination prévue, il a fait l'acquisition de l'*Emma*, goélette de 178 tonneaux construite à Liverpool, en acajou et érable ; elle a coûté 110 000 fr. au duc de Gramont, qui lui a donné pour nom le prénom de sa femme, Emma, fille de lord MacKinnon.

À bord de sa goélette, non seulement il peut y rêver tout à mon aise, mais encore il y rêve comme malgré lui ; ce besoin de travail qui, sur terre, l'éperonne sans cesse, qui le poursuit à table, dans un salon, près d'un ami qu'il aime, près d'une jolie femme qu'il admire, seulement cesse complètement à la mer, mais se change presque en répugnance.

« Moi qui, soit à Paris, soit à a campagne, me reproche de passer une heure loin de mon cher papier, de ma bonne table, de mon encre qui coule si bien le long du bec actif de ma plume, je reste inactif à bord, non pas une heure mais des heures ; non pas un jour, mais des jours ; et ce sans une seconde de fatigue, de lassitude ou d'ennui. Une fois mon regard perdu dans l'immensité, la pensée fait immédiatement place au rêve. Je rêve à quoi ? Dieu le sait ! à l'infini, aux mondes qui roulent dans ma tête, à la mer

7. Alexandre Dumas, *Viva Garibaldi ! : Une odyssée en 1860*, chapitre VII, 1862.

8. Alexandre Dumas, *Le Caucase*, 1860.

qui roule sous mes pieds. Il se fait alors dans mon esprit un crépuscule charmant bien autrement doux que l'aube du matin, que la demi-teinte du soir ; les fumeurs d'opium, les mangeurs de hatchis [sic] peuvent seuls comprendre cette voluptueuse absence de volonté. Quelle que soit l'importunité qui me tire de ce demi-sommeil, je l'accueille souriant ; ne retrouverai-je pas mon extase tant que je voudrai[9] ! »

L'*Emma*, ce cygne de Liverpool, semble épouser les rêves : « une fois appuyée à la mer, elle glisse sur l'eau sans faire un mouvement ; tout semble facile à cet oiseau de l'Océan [...] ; même en naviguant au plus près – ce qui, à part le calme, est l'allure la plus fatigante –, son tangage est à peine sensible ; on sent qu'elle fend la vague comme un poisson, sans lutte, sans fatigue, sans souffrance, sans un craquement dans la membrure, sans une plainte dans ses agrès. Par le plus mauvais temps, je dors sans être inquiété par ce tremblement et ces secousses si fatigantes sur les bateaux à vapeur ; comme je travaillerais si la mer ne me donnait l'horreur du travail[10] ! »

Contrairement aux prévisions, ce n'est pas vers les grands sites de l'histoire antique et moderne que l'*Emma* va mettre le cap, mais bien vers l'histoire la plus contemporaine elle-même : Alexandre Dumas, après avoir rejoint à Palerme, Garibaldi, « non seulement apôtre de la liberté italienne, mais l'apôtre de la liberté universelle[11] », participe à la campagne de Sicile, puis à la révolution qui chasse de Naples les Bourbons.

Naples retrouvée lui procure-t-elle l'émerveillement qui avait été le sien en 1835 ?

« Je m'étais épris de tendresse, de sympathie et de pitié pour cette terre étrangère que Dieu, dans sa prédilection jalouse, a comblée de ses bienfaits et de ses richesses ; pour cette oisive et nonchalante favorite dont la vie entière est une fête, dont la seule préoccupation est le bonheur [...]. Hélas ! pourquoi faut-il que l'homme, cet esclave envieux et stérile, s'attache à détruire partout l'œuvre de Dieu ; pourquoi tout paradis terrestre doit-il cacher un serpent[12]. »

Directeur d'un journal, *L'Indipendente*, vigoureusement politique, il lutte contre *camorra*, *consortia* et *camarilla* ; c'est-à-dire contre le brigandage qui s'appuie sur l'Église et la royauté. Son arme première, dans cette lutte à mort contre la réaction sous toutes ses formes, c'est l'histoire : il entreprend de restituer au peuple de Naples l'histoire de son propre pays, dont il est à lui presque tout seul le rédacteur. Il rédige en français, puis livre ses brûlots à une armée de traducteurs.

On peut l'imaginer, dernière image que l'on retiendra de préférence : Alexandre Dumas écrivant devant la plus belle des marines ; il est logé à Naples dans un charmant palais qui, occupant le centre du golfe, s'avance dans la mer par une immense terrasse couverte de chênes verts, trois ou quatre fois centenaires, de massifs de seringats et d'allées de lauriers-roses. Rien n'est ravissant, pendant les heures du matin et du soir, comme de respirer la brise de la mer sur cette terrasse d'où l'on découvre la plus belle vue qui soit au monde. À droite, le Pausilippe jusqu'à Nisida ; à gauche, Sorrente jusqu'au cap Campanella ; en face, Caprée ; à droite et à gauche de Caprée, l'immensité... Presque en face du palais Chiatamone, à l'extrémité de la terrasse du jardin, s'élève le magnifique palais d'Aquino di Caramanico.

Heureux, peut-être, mais ne rêve-t-il pas de reprendre une fois encore le large, comme l'avait fait son comte de Monte-Cristo ? Souvenons-nous de la dernière page :

« Les yeux des deux jeunes gens se fixèrent sur la ligne indiquée par le marin, et, sur la ligne d'un bleu foncé qui séparait à l'horizon le ciel de la Méditerranée, ils aperçurent une aile blanche, grande comme l'aile d'un goéland. »

Dumas a l'immensité des océans. – **CS**

9. Alexandre Dumas, *Mémoires d'Horace*, 1860.

10. *Ibid.*

11. Alexandre Dumas, *Causeries*, 1853-1857.

12. Alexandre Dumas, *Le Corricolo*, deuxième partie, chapitre XIX, 1843.

Informations
Dernier livre paru :
Le Mystère Lindbergh,
Stock, 2022.

CHEVALIERS BLEUS

Texte de **Stéphane Dugast**

Les océans contiendraient environ 150 millions de tonnes de déchets – un chiffre qui pourrait quadrupler pour atteindre 600 millions en 2040, dixit la très sérieuse revue *Science*. Comment faire alors pour réduire cette pollution ? Jeunes officiers de marine marchande et ingénieur, trois amis ont fondé Plastic Odyssey avec une idée simple : traiter le problème à sa source.

Pour Simon Bernard, c'est désormais une évidence : « La pollution des océans commence à terre. » Agacé par les fausses informations, il a d'ailleurs enquêté quatre ans durant, épluché moult rapports et lu quantité d'articles pour démêler le vrai du faux concernant les déchets plastiques dans les océans. Il faut dire que cet officier de marine marchande va prochainement réaliser une expédition maritime ambitieuse autour du monde, dans le but de réduire la pollution plastique. Pour ce faire, un pas de côté s'imposait à Simon afin de décrypter une thématique qui fait le miel des médias. Qui n'a pas été frappé par ces images choc de marées d'ordures de plastique flottant à la surface des océans ? Qui n'a pas entendu parler d'une île de déchets baptisée « 7e continent » ? En homme d'action et de réflexion, Simon a ainsi d'abord enquêté sur le sujet, quitte à aller à l'encontre d'idées reçues : « Cette île de déchets de la taille supposée d'un continent n'est pas visible à proprement dit. Elle tient son nom de sa grande superficie, mais c'est en réalité une zone où l'on compte plus de microparticules qu'ailleurs. Quant aux clichés de soupes de plastique dans les mers, ils sont le plus souvent pris près des côtes où s'accumulent les déchets. »

C'est sur terre qu'il faut agir

Deux choses sont en revanche certaines aux yeux de Simon : le plastique est présent en trop grandes quantités dans trop peu de surface. Les chiffres avancés dans son rapport donnent d'ailleurs le vertige : « Chaque minute, 19 tonnes de plastiques sont déversées dans l'océan, soit l'équivalent d'un camion poubelle. Mais, une fois en mer, il est trop tard. Seulement 1 % des déchets plastiques flotte, quand le reste coule ou se dégrade en microparticules, impossibles à repêcher. » Collecter des déchets en mer est dès lors un non-sens absolu, comme l'argumente le jeune marin : « Beaucoup d'énergie et de moyens sont dépensés pour tenter de collecter des déchets encore assez gros à la surface. Ce sont des initiatives louables, mais dont l'impact est anecdotique et peut même se révéler désastreux. Gardons en tête que l'océan est un formidable réservoir de biodiversité et de vie. Capturez le peu de plastiques qui flottent, et vous ramasserez forcément la vie qu'il y a autour. Pareil, plus vous chercherez à collecter les petits débris, plus les mailles des filets seront fines et plus vous ramasserez du plancton ou des micro-organismes. » L'imbroglio est total, d'autant que chacun argue de l'urgence à agir, y va de sa propre vérité scientifique et ne manque pas de jouer sur la fibre émotionnelle pour toucher le grand public et… les financeurs. La cacophonie, voire la schizophrénie, sont même aiguës avec des industriels du plastique toujours plus prompts à vilipender ces consommateurs mal éduqués qui jettent leurs déchets, et à brandir une solution magique – la leur : s'il y a de la pollution plastique, nettoyez-la ! Quant aux inventeurs, et aux investisseurs 4.0, toute solution est avant tout technologique. Les uns vont vanter des bateaux aspirateurs ; les autres, des produits chimiques – inoffensifs forcément ! – qui vont agglomérer les microplastiques. Autant de constats qui ont imposé à Simon et à ses deux associés – Alexandre Dechelotte, camarade de promotion, et Bob Vrignaud, ingénieur – leur ligne de conduite : « Il n'y a pas de solution miracle. C'est sur terre qu'il faut agir, à la source du problème, avant que le plastique ne finisse en mer. »

Des technologies *low-tech* en *open source*

Ainsi est née, en 2017, l'association Plastic Odyssey, devenue au fil du temps une entreprise à mission ; un statut qui permet de trouver des financements par le sponsoring – la voie la plus sûre pour porter des projets à fort impact, avec pour ambition de réduire au maximum la quantité de plastiques jetés dans les mers et, simultanément, la pauvreté. Là encore, les chiffres sont implacables : « 90% des déchets plastiques marins viennent d'une trentaine de pays émergents, en Afrique, en Asie ou encore en Amérique du Sud qui n'ont pas accès au traitement des déchets. » Pour que leur impact soit plus fort, le trio n'a pas hésité à mettre leurs technologies *low-tech* en *open source* – à partager gratuitement. Un choix fort avec pour visée d'adapter ces nouvelles technologies aux besoins locaux, mais également de s'inspirer des pratiques déjà développées sur place, dans le but de consolider un réseau existant ou de poser les bases pérennes d'une économie du recyclage des plastiques. Les savoir-faire et plans des machines sont donc, une fois calibrés, diffusés gratuitement. Outre la formation d'entrepreneurs locaux, leur initiative propose aussi la possibilité de développer des installations à bas coût :

des micro-usines capables de transformer des déchets plastiques en produits utiles localement, comme des matériaux de construction – pavés, tuiles, planches –, ou encore en énergie par pyrolyse. Si le navire *Plastic Odyssey* est encore en cale sèche jusqu'à cet été, des gens du monde entier ont d'ores et déjà contacté les initiateurs de ce projet.

L'exemple de Mariame Keita, en Guinée, est éloquent. Elle dirige Binedou Global services (BGS), une entreprise de recyclage de déchets plastiques qui emploie dix personnes dans un atelier à ciel ouvert de la capitale, Conakry : « Son outil de travail est pour le moment très rudimentaire. La découpe des déchets plastiques se fait au ciseau, avant de les faire cuire au feu de bois. Notre expertise devrait l'aider », détaille Simon, entre deux trains, gare de Lyon, au si bien nommé Train bleu – lui qui est plus que jamais impatient de prendre le large. Comme ses yeux, la Terre est pour le moment encore bleue, mais il y a indéniablement urgence à agir.

En ouverture :
Ben Lecomte au coeur du « 7e continent » de plastique, entouré de microparticules de plastique.

Ci-dessus :
Simon Bernard, président et cofondateur de Plastic Odyssey devant le navire de l'expédition.

Le sel de l'aventure

Hébergée à Concarneau, dans les locaux du fonds de dotation Explore fondé par le navigateur Roland Jourdain – un incubateur à explorateurs –, l'équipe de Plastic Odyssey s'est d'abord lancée, en 2018, dans la construction d'un navire prototype. Long de six mètres, leur catamaran *Ulysse* utilisait du plastique comme combustible en réalisant de la pyrolyse à bord ; un galop d'essai concluant mais pas suffisant aux yeux de Simon Bernard, qui rêve alors de disposer d'une « *Calypso* du plastique » – façon, donc, Jacques-Yves Cousteau –, pour fréquenter les points chauds de la pollution plastique de notre planète. Le projet s'esquisse, mais nécessite un navire de 40 mètres et 12 millions d'euros de financement. Une vingtaine d'entreprises dont L'Occitane, le Crédit Agricole, la Matmut et Clarins répondent présentes et abonderont 10 millions d'euros. Crise sanitaire oblige, il est finalement choisi d'acquérir un ancien navire de recherche océanographique, construit en 1975 sur un chantier allemand. Le *Victor Hensen*, 39 mètres de long, 9,4 mètres de large, est convoyé du Danemark en France, jusqu'à Dunkerque. Première déconvenue, le « rafiot » est bourré d'amiante, malgré le certificat qui assurait du contraire. Rien ne fera pourtant dévier de son objectif le trio des cofondateurs qui ambitionne de « devenir le Wikipédia de la transformation des déchets plastiques en ressources ». Baptisé *Plastic Odyssey*, leur bateau poursuit sa mue, avec notamment l'aménagement d'un laboratoire R&D, soit 200 mètres carrés d'espace technique afin de pouvoir exposer une dizaine de technologies de recyclage des déchets plastiques – tri, broyage, extrusion, pyrolyse – et un parc de machines-outils capables d'usiner de nouvelles pièces et même de faire évoluer des prototypes. Tout semble rouler quand une nouvelle avarie est détectée : le ballast arrière du navire est dans un si sale état qu'il faut le changer. Sa réparation nécessite de déposer le safran, l'hélice et la ligne d'arbre : une opération délicate dont va se charger un chantier à Saint-Nazaire, obligeant l'équipe à orchestrer, l'hiver dernier, un cabotage le long des côtes de la Manche et de la Bretagne. Rien n'entame cependant le moral de Simon et son équipage déterminés à rejoindre, dès la fin de l'été prochain, Marseille – leur port d'attache et le point de départ de leur tour du monde prévu pendant trois ans sur trois continents, avec 30 escales de trois semaines chacune au programme. Sauf imprévu, *Plastic Odyssey* devrait donc appareiller l'automne prochain pour entamer une tournée en Méditerranée – Liban, Égypte, Tunisie et Maroc – avant de mettre le cap sur l'Afrique de l'Ouest, où le navire est très attendu. Là est d'ailleurs toute la noblesse de cette expédition résolument innovante et généreuse, qui vise à développer des solutions autant techniques qu'humaines. – SD

En savoir plus
« Pollution plastique, ces idées reçues qui nous mènent en bateau », étude réalisée par Plastic Odyssey, juin 2021

Les bonnes nouvelles de la mer

Axelle Beaussant
Fondation de la Mer

LES ÎLES ÉPARSES, SENTINELLES DE L'OCÉAN INDIEN

Dans l'océan Indien, les Îles Éparses – Glorieuses, Juan de Nova, Bassas da India, Europa et Tromelin – sont un sanctuaire pour de nombreuses espèces terrestres et marines. Le programme de la Fondation de la Mer, SOS Corail – soscorail.org –, y installe des stations d'études. Elles permettront d'observer et de mieux comprendre ces remarquables écosystèmes pour les protéger sur l'ensemble de la planète – récifs coralliens, mangroves, herbiers. Il n'est pas trop tard, dans ce combat pour la biodiversité.

L'ART S'AFFICHE AU MINISTÈRE

En 2021, *Megaplasticus la terreur des mers* – squelette monumental d'un poisson des profondeurs en... couverts en plastique ! – réalisé par un collège de Vence dans le cadre d'un concours lancé par la Fondation de la Mer et le ministère de l'Éducation nationale, a été récompensé. De l'art moderne dans le bureau du ministre, mais plus encore : protestation des élèves contre l'utilisation de plastiques à usage unique dans leur cantine... Retrouvez les lauréats sur fondationdelamer.org.

TOUS ÉCO-AVENTURIERS ?

Chacun de nous est un acteur en puissance du changement. Agir et sensibiliser est fondamental. Clément Chapel, spécialiste du « *plogging* » – contraction de « *plocka upp* » (« ramasser » en suédois) et de « jogging » – organise des « maskathons » – marathons où les coureurs ramassent des masques. Philomène, Anaëlle et Solène du Projet Azur allient, elles, vélo, kayak et collectes de déchets...

BIOMIMÉTISME, FORME, MATÉRIAUX, PROCÉDÉS INNOVANTS ET DURABLES...

En observant les moules collées à des rochers ou à des coques de bateau dans l'eau de mer, les scientifiques ont pu mettre au point des adhésifs résistant à l'eau. La mer nous rend plus intelligent et nous inspire... Léonard de Vinci l'avait déjà bien compris lorsqu'il disait : « Apprenez de la nature, vous y trouverez votre futur. »

L'OR VERT DES ALGUES

Les algues captent le CO_2 et le séquestrent au fond de l'océan. Elles sont utilisées dans notre alimentation, en cosmétique et en pharmacopée ou en agriculture. Elles pourraient aussi devenir du biocarburant ou une source durable de bioplastique. Elles sont un atout majeur pas encore assez exploité pour un futur plus vert.

UNE PÊCHE PAS SI PASSIVE

Les pêcheurs remontent, bien malgré eux, dans leurs filets de plus en plus de déchets. Les conserver à bord, les stocker, les ramener à terre et s'en débarrasser est une problématique quotidienne. « Repêchons les océans » est un programme de récupération de ces déchets porté par la Fondation de la Mer – ungestepourlamer.org – et la fondation Ecoalf pour les trier et les recycler. Cette initiative qui rassemble et soutient les acteurs de la pêche et de l'*upcycling* en France, est un bon exemple des démarches proactives qui concernent chacun d'entre nous. Montures de lunettes, planches de surf, mobilier... élaborés à partir de ces déchets seront bientôt disponibles pour vos achats pas si passifs.

RÉCONCILIER ÉCONOMIE ET ÉCOLOGIE

Mais les États ne peuvent y parvenir seuls et, sans attendre une gouvernance mondiale, les entreprises du monde entier ont leur rôle à jouer pour la santé des océans. Toutes leurs activités ont un impact sur l'océan. Le label Ocean Approved – oceanapproved.org – élaboré par la Fondation de la Mer avec le Bureau Veritas et trois entreprises françaises pilotes, permet aux acteurs économiques du monde entier de mesurer et de réduire leur impact sur les mers.

GOUVERNANCE ET BIODIVERSITÉ

Une coalition de plusieurs dizaines d'États se mobilise pour préserver la biodiversité en haute mer. Un traité, véritable outil international, est en cours d'élaboration pour définir les mécanismes de gouvernance, la création et la gestion des aires marines protégées. De nombreuses études d'impact sur toutes les activités humaines en mer sont lancées. Responsable du premier espace maritime mondial, la France a un rôle tout particulier dans ces négociations.

LE BATEAU VOLANT DE FRANÇOIS GABART

François Gabart remporte, en 2013, le septième Vendée Globe. Depuis, il se lance chaque année dans de nouveaux défis dont il revient souvent vainqueur. Mais, en plus d'être un grand navigateur, François Gabart est un homme engagé dans la lutte contre la pollution plastique. Un combat qu'il souhaite partager avec les plus jeunes à travers ses prochaines courses et les outils pédagogiques qui accompagneront ses aventures.

NAVIGUER ET S'ENGAGER

Pour aider tous les plaisanciers à naviguer plus facilement et plus intelligemment, le Pack Mer lancé par la Fondation de la Mer avec de nombreux partenaires – SNSM, Axa, Meteo Consult, SamBoat, Navily, Dream Yacht Charter, Victoria Yachting, Accastillage Diffusion... – propose des réductions pour de nombreux services – réservation de place au port, réduction de location de bateau. Et surtout, le montant de l'abonnement est entièrement reversé à la SNSM et aux programmes de sauvegarde de la biodiversité de la Fondation de la Mer.

CORAIL ET BELLES DENTELLES

Autre exemple de l'impact des entreprises sur l'océan : la dentelle au fuseau du Puy-en-Velay et son « point d'esprit » correspondent exactement à la morphologie d'une des espèces de corail de Guadeloupe. Faire de la dentelle une alliée pour ces coraux, c'est l'idée un peu folle de Corail Artefact – une initiative française. Une dentelle en polymère à base d'amidon est fabriquée par les dentellières du Puy-en-Velay, solide et non polluante. Elle est fixée sur une structure qui sert de support de bouturage aux coraux permettant une meilleure fixation, tout en laissant passer l'eau entre les alvéoles. Un beau mariage océanique !

biographie des auteurs

Gwenaëlle Abolivier
Directrice artistique et littéraire, autrice associée à la Maison Julien Gracq, elle a passé vingt ans à France Inter, comme reporter et productrice. Elle privilégie désormais l'écriture littéraire : *Tu m'avais dit Ouessant* (Le Mot et le Reste, 2019) a obtenu le prix Marine Bravo Zulu ; *L'Invention des dimanches* (Le Rouergue, 2022).

Mathieu Accoh
Professeur de philosophie à Biarritz, animateur d'ateliers de philosophie et surfeur, il est l'auteur de *Petite Philosophie illustrée de la vague* –illustrations d'Alain Bourdon, Aquarium.

Daniel Allisy
Navigateur et journaliste maritime, il a publié plusieurs ouvrages sur la voile, dont *La Folle Invention de Martin d'Estreaux, ou la naissance de la planche à voile en 1913* (Gallimard, 1981) et *Grandes Courses à la voile racontées à tous* (La Martinière, 2020).

Axelle Beaussant
Responsable des programmes pédagogiques à la Fondation de la Mer.

Yann Briand
Ce capitaine de vaisseau a commandé la frégate *Nivôse*. Il assume actuellement la direction du bureau « Politique et Stratégie » du cabinet de l'amiral Pierre Vandier et commandait précédemment la base aéronavale d'Hyères.

Cléa Chakraverty
Journaliste et cheffe de la rubrique « Politique et Sociétés » pour le média The Conversation France. D'origine bengalie et finistérienne, elle a vécu à Mumbai avant de retrouver les côtes de la mer d'Iroise. Elle est codirectrice de l'essai *Moi, Président·e : Le livre qui vous donne les clefs de l'Élysée* (Équateurs, 2022). Son premier roman paraîtra en 2023.

Vincent Doumeizel
Conseiller auprès du Pacte mondial des Nations unies, il codirige la première coalition mondiale des acteurs du secteur des algues. Il est l'auteur d'un premier livre, *La Révolution des Algues* (Équateurs, 2022). À ses heures perdues, il est aussi chanteur compositeur au sein du groupe de rock ArCy.

Stéphane Dugast
Reporter, auteur, réalisateur et chroniqueur, il multiplie depuis l'an 2000, enquêtes et tournages sous toutes les latitudes avec un goût prononcé pour les mondes marins et les embarquements en tous genres.

Patrice Franceschi
Écrivain, explorateur, capitaine du trois-mâts *La Boudeuse,* il est membre des écrivains de Marine, auteur de nombreux films d'aventures et d'une œuvre romanesque abondante. Prix Goncourt de la nouvelle en 2015 pour *Première Personne du singulier*, il a récemment publié *S'il n'en reste qu'une* (Grasset, 2021) et *Dictionnaire amoureux de la Corse* (Plon, 2022).

Marion Givaudan,
Auteure des gravures p.102 à 106, ses encres subtiles et ses gravures « intuitives » racontent les bords de mer, les corps – comme dans le yoga qu'elle pratique. Blog et atelier-expo Encre à la mer.

Clarisse Gorokhoff
Née le 16 septembre 1989 à Paris, elle a vécu une drôle d'enfance et une jeunesse effervescente – qu'elle fait durer –, écrit et publié quatre livres et cofondé les Ateliers Bohaime, pour encourager les humains à écrire. Plutôt nomade, elle cherche ses racines, et trouve la vie littéralement captivante.

Françoise Hardy
Autrice, compositrice, interprète, elle a écrit de nombreux livres dont *Le Désespoir des singes... et autres bagatelles* (Robert Laffont, 2008), *L'Amour fou* (Albin Michel, 2012) et, aux Équateurs, *Avis non autorisés...* (2015), *Un cadeau du ciel...* (2015) et *Chansons sur toi et nous* (2021).

Benoit Heimermann
Auteur d'une trentaine d'ouvrages – *Titaÿna*, *Tabarly*,

Albert Londres, *Le Mystère Lindbergh*, etc. – et d'une dizaine de documentaires – *Maradona*, *Les Champions d'Hitler*, *L'Odyssée des Jeux olympiques*, etc. – il est également éditeur ; il a travaillé pour Flammarion et Grasset, avant de rejoindre Stock, en 2015.

Adrien Jaulmes

Grand reporter au *Figaro* et écrivain, lauréat du prix Albert Londres et du prix Bayeux des correspondants de guerre, il est l'auteur, aux Équateurs, d'*Amérak* (2009), *Sur les traces de George Orwell* (2019) et *Raconter la guerre : Une histoire des correspondants de guerre* (2021).

Alexandre Kauffmann

Né en 1975, il est journaliste et romancier. Il a vécu à Arusha, en Tanzanie, où il a notamment écrit un livre sur des chasseurs de babouins, les Hadza *(Black Museum,* Flammarion, 2015). De retour en France, il s'est investi dans des reportages au long cours, sur la police et le trafic de stupéfiants.

José-Manuel Lamarque

Grand Reporter à Radio France, il a sillonné mers et continents. Président d'une association franco-crétoise, diplômé de l'IHEDN, officier de réserve de la Marine nationale, il est membre de la Société des explorateurs français.

Florence Lozach

Journaliste reporter, née à Brest, ellle a passé sa jeunesse dans le Finistère, en baie de Douarnenez. Elle a été notamment correspondante en Italie et en Afghanistan – lauréate du Prix Bayeux des correspondants de guerre. Elle vit désormais à Quiberon, dans le Morbihan.

Paul Merveilleux du Vignaux

Capitaine de vaisseau, il a commandé le bâtiment-école *Panthère* et l'aviso *Lieutenant de Vaisseau Le Hénaff*. Il a participé à l'opération « Baliste » au Liban. Il est l'actuel commandant de la frégate multi-missions *Auvergne*.

Jeanne Pham Tran

Éditrice et voyageuse, voileuse, cavalière et yogini.

Serge Poliakov

Photographe Ukrainien, il vit et travaille à Odessa, où il est né en 1974 (cargocollective.com/poliakov).

Flore de Préneuf

Née en France, en 1973, elle a été journaliste et photographe en Russie, au Moyen-Orient et aux États-Unis. Elle est l'auteur de *Chronique d'un dialogue de sourds : Israël / Palestine, 1998-2002* (Labor et Fides, 2003). Elle vit à Washington DC, mais revient chaque été passer ses vacances en Bretagne.

Philippe Ridet

Journaliste et écrivain, il partage son temps entre Paris – banlieue ouest – et la province – Orne. Né en Bourgogne en 1955, il garde le goût des terres grasses et des collines. Quand il va « à la mer », il préfère les plages aux vagues. Nageur de compétition dans les années 1970, il regrette l'absence de lignes d'eau…

Claude Schopp

Docteur ès lettres, il a consacré ses recherches à Alexandre Dumas et à son œuvre. On lui doit de très nombreuses éditions critiques du père des *Trois Mousquetaires*, la découverte d'œuvres inconnues, ainsi que des d'importants travaux biographiques – *Alexandre Dumas* (Fayard, 2002), *Dictionnaire Dumas* (CNRS, 2010) –, et publiera, en août 2022, aux Équateurs, *Le Géorgien d'Alexandre Dumas : Vies mêlées.*

François Simon

Il vit au bout et au bord de la Manche ; c'est-à-dire au paradis, ou peu s'en faut. Devenu piéton, rêveur et cycliste, après avoir été grand reporter à *Ouest-France*, il lui d'arrive d'usiner encore quelques phrases. Il vient de publier *L'Âme du Cotentin* (Orep, 2022).

Trân Thái Khuong

Auteur vietnamien, photographe et réalisateur de documentaires, ses images – prises dans des environnements naturels et urbains – racontent des histoires personnelles. Il vit à Nha Trang, au sud du Vietnam.

Lize Veyrard

Elle a grandi près des montagnes lyonnaises. Éprise des grands espaces et de leurs échos littéraires, elle est éditrice aux Équateurs.

artistes ayant collaboré à cette œuvre

Page 4-5, 6, 9, 10, 12-13 : Dominique Lérault ; 14-15 : Patrick Frilet/hemis.fr ; 17 : AF archive/Mary Evans/ Aurimages ; 21 : SunsetBox/AllPix/Aurimages ; 22, 24, 27, 29 : Mathieu Thoisy ; 30-31: Westend 61/hemis. fr ; 33 : Alexandre Kauffmann ; 34 : Terry Harris/Alamy Stock Photo ; 36 : Florence Lozach ; 38 : Archives Nationales du Royaume Uni ; 40 : Courtesy of the Australian War Memorial/p00270.017 ; 43 : Francis Leroy/ Hemis.fr ; 44-45, 47 : Eric Feferberg ; 48-49 : Caroline Rimbault ; 50 : Eric Feferberg ; 52 : Image Broker/ Hemis.fr ; 55 : akg-images/wha/World History Archive ; 56 : Andrea Pistolesi/Hemis.fr ; 58-59, 60, 61, 62, 63, 64-65 : Serge Poliakov ; 66, 68, 71 : Etat-major des Armées, France ; 72-73, 75, 77 : Daniel Allisy ; 78, 81, 84 : Franck Guisiou/Hemis.fr ; 86 : Yoann Letourneau/Marine Nationale/Défense ; 90-91 : akg-images/ uig/Buyenlarge ; 92-93, 94, 95, 97, 99, 100-101 : A. Conti/archives Lorient/Agence VU ; 102-103, 104, 105, 106 : Marion Givaudan ; 108, 109, 110, 111, 112, 113 : Flore de Préneuf ; 114 : Maia Flore Maia Flore/ Agence VU/L'art à l'ouest ; 119 : Maia Flore/Agence VU/Atout France ; 120, 122 : Morandi Tuul et Bruno/ Hemis.fr ; 125 : Patrick Escudero/Hemis.fr ; 126, 129, 130-131 : Vincent Doumeizel ; 132-133, 134, 137, 138 : Jean-Marie Périer/Photo12 ; 140 : Jon Arnold Images/Hemis.fr ; p143 : Patrick Frilet/Hemis.fr ; 144 : Photo12/imageBroker/Ingo Schulz ; 146-147 : Christopher Smith ; 148,149, 150, 151, 152, 153 : Tran Thai Khuong ; 154 : Arnaud Spani/Hemis.fr ; 155, 156 : Sorbonne Université ; 159 : Arnaud Spani/Hemis.fr ; 160, 162 : Jon Arnold Images/Hemis.fr ; 165 : Mathieu Collin/Hemis.fr ; 166 : Stéphane Formosa/Museum National d'Histoire Naturelle ; 168 : Christophe Dubos/Museum National d'Histoire Naturelle, 169 : Museum National d'Histoire Naturelle ; 170 : Anna Atkins Muséum National d'Histoire Naturelle ; 171h : Bernard Duhem/Muséum National d'Histoire Naturelle/Tony Querrec ; 171b : J. F. Hennig/Muséum National d'Histoire Naturelle ; 172h, 172m, 172b, 173h, 173m, 173b : La Planète Revisitée/Atimo vatae, Tin-Yam Chan/Muséum National d'Histoire Naturelle ; 174-175, 177 : Bibliothèque Nationale de France ; 178 : akg-images/Getty Research Institute/Science Source, 181 : AKG Images ; 182 : The Vortex Swim/Ben Lecomte ; 184, 185 : Plastic Odyssey.

Directeur de la publication :
Frédéric MÉRIOT

Rédaction en chef :
Olivier FRÉBOURG

Directeur de la création :
Nicolas CORNET

Direction artistique et développement graphique :
Caroline RIMBAULT

Éditrices :
Caroline Bokanowski
Lize Veyrard

Relecture :
Agence Paludes.fr
Stéphane Rozencwajg

Relations presse & libraires :
Lucie Fournier & Inès Bahans
lucie.fournier@lesardentes.fr
06 76 61 75 73
ines.bahans@lesardentes.fr
06 75 46 87 00

Remerciements :
Nolwen Dufour
Alix Debrosse

Fabrication :
Marianne SIGOGNE
et Jérôme CORDIER

Prépresse :
Arthur CAILLARD

Photogravure :
LES CAMÉLÉONS

Diffusion :
HUMENSIS

Distribution :
UD-FLAMMARION

ISSN en cours

Imprimé en France par Pollina-Fastline – 85400 Luçon
N° d'imprimeur : 2621 - Dépôt légal : juin 2022
N° d'édition : 38284324-01
N° ISBN : 978-23-828-4324-6